IL MIGLIOR LI CUCINA DELLA PATATA PER PRINCIPIANTI

2 IN 1

100 RICETTE DI PATATE DELIZIOSE E SEMPLICI DA PREPARARE

CELIO DONINI, XAVIERO BUCCIO

Inhaltsverzeichnis

RICETTE DI MANZO E ZUPPA DI PATATE55

RICETTE DI SNACK DI PATATE85

RICETTE DI PATATE E FRUTTA190

IL RICETTALE DELLA PATATA

50 RICETTE DI PATATE FACILI E DELIZIOSE

CELIO DONINI

Dichiarazione di non responsabilità, le informazioni contenute in questo libro sono vere e complete al meglio delle nostre conoscenze. Qualsiasi raccomandazione è fatta senza garanzia da parte dell'autore o dell'editore della storia. L'autore e l'editore non si assumono alcuna responsabilità per l'uso di queste informazioni.

INTRODUZIONE

Le patate contengono quantità significativamente inferiori di carboidrati rispetto ad altri alimenti come pane o pasta. Produce anche una maggiore sazietà.

In linea di principio, dovresti sapere che ci sono vari miti sulla patata. Tra i più comuni c'è che si tratta di un alimento che ti farà ingrassare perché è composto principalmente da zuccheri.

Le patate contengono carboidrati complessi, che vengono assorbiti più lentamente, determinando un aumento più graduale della glicemia. Aiuta anche a migliorare il transito intestinale fornendo fibre.

La patata o patata è una classe di piante erbacee che appartiene alla famiglia della belladonna. Ci sono innumerevoli miti su questo tubero; tra questi, non fornisce nutrienti essenziali all'organismo.

Sebbene molti attribuiscano alla dieta delle patate il merito di averli aiutati a perdere molti chili, nessuno studio scientifico supporta queste affermazioni.

Sulla base di tutto ciò, possiamo dire che la dieta delle patate promette una rapida perdita di peso consumando prevalentemente patate, durante la durata della dieta, che non dovrebbe superare i quattordici giorni. Sebbene queste affermazioni non siano ancora state confermate scientificamente.

Si presume che la perdita di peso in questa dieta sia dovuta al fatto che il consumo di calorie durante la durata di questa dieta è molto basso. Tra l'altro, perché mangiare da 0,9 a 2,3 grammi di patate al giorno, anche se sembra tanto, equivale a solo 530-1.300 calorie, molto meno dell'apporto minimo che un adulto dovrebbe consumare al giorno.

Possibili vantaggi e svantaggi di questa dieta

Ci sono molte ragioni per criticare la dieta delle patate, ma ha alcuni potenziali benefici:

1. Le patate sono molto nutrienti. Sono un'ottima fonte di molte vitamine e minerali essenziali, come vitamina C, potassio, acido folico e ferro. Non è complicato. Sebbene restrittiva, la dieta delle patate è abbastanza semplice e facile da realizzare. È sufficiente consumare patate per tre, cinque o quattordici giorni.
2. È accessibile per qualsiasi tasca. Le patate sono uno degli alimenti più economici disponibili. È ricco di fibre, supporta la

funzione intestinale, può prevenire l'obesità, le malattie cardiache e il diabete di tipo 2.

3. Nonostante questi benefici, la patata non fornisce tutti i nutrienti necessari, la dieta deve essere variata per essere sana. Altri possibili inconvenienti esistono perché la patata è l'unico ingrediente nella dieta.

1. Patate con ricotta

- Tempo di cottura da 15 a 30 min
- Porzioni: 4

ingredienti

- 1kg di patate
- 500 g di ricotta
- 100 ml di panna acida
- Aglio
- Burro
- sale
- 1 mazzetto di erbe fresche fresh

preparazione

1. Per le patate cagliate, prima lavate bene le patate e tagliatele a metà. Mettere in una

14

casseruola l'acqua, salare e cuocere le patate con la buccia.

2. Mescolare la ricotta con panna acida ed erbe fresche. Tritare finemente l'aglio. Scaldare il burro in una padella e far rosolare brevemente l'aglio. Mescolare l'aglio nella massa.

3. Mettere le patate cotte su un piatto (le patate rimangono nella pelle) e servire con il composto di cagliata di formaggio.

2. Patate al forno

- Tempo di cottura da 30 a 60 min
- Porzioni: 4

ingredienti

- 500 g di patate
- 125 g di pancetta (affumicata)
- Frittura di grasso
- 2 cucchiai di burro
- 1/2 tazza/e di panna montata
- 1/2 tazza/e di birra chiara
- 1 pezzo di uovo
- sale
- Pepe
- Briciole di pane
- Fiocchi di burro
- anelli di cipolla

preparazione

1. Pelare le patate e tagliarle a fette spesse 0,5 cm; Tagliate la pancetta a fettine sottili e fatele rosolare in un po' di grasso di frittura. Spalmare il burro su una teglia, quindi aggiungere strati di patate e pancetta; Montare la panna, la birra, l'uovo, il sale e il pepe e versare sulle patate. Cospargete con pangrattato, fiocchi di burro ed eventualmente anelli di cipolla e infornate per circa 30 minuti.

3. Gulyas di Szeged con patate

- Tempo di cottura da 30 a 60 min
- Porzioni: 4

ingredienti

- 500 g di crauti
- 500 g di carne di maiale (filetto di maiale)
- 2 cipolle (medie o 1 porzione di cipolle arrostite)
- sale
- Pepe
- paprica
- 1 cucchiaio di concentrato di pomodoro
- Aglio
- semi di cumino
- 1 tazza di panna acida
- 500 g di patate

preparazione

1. Tritate la cipolla e fatela rosolare in un filo d'olio in una padella, tagliate a cubetti i polmoni di arrosto. Unire i crauti con la carne tagliata a dadini e la cipolla arrostita in una ciotola chiusa e condire con sale, pepe, paprika, concentrato di pomodoro, aglio schiacciato e semi di cumino tritati.

2. Pelare e tagliare in quarti le patate. Cuocere in una ciotola forata.

4. Pollo brasato con patate

- Tempo di cottura Più di 60 min
- Porzioni: 4

ingredienti

- 1 pollo (biologico, intero, circa 1 kg)
- 1 bulbo(i) di aglio
- 6 patate novelle
- 10 rametto(i) di timo
- 200 ml di zuppa di pollo
- 150 ml di vino bianco
- 2 scalogni
- 1 limone (bio)
- 2 cucchiai di burro

preparazione

1. Per il pollo brasato, preriscaldare il forno a 160°C, tagliare a metà le patate e l'aglio, e tagliare a fettine il limone.
2. Mettere il petto di pollo in una pirofila (o in una teglia con un coperchio adatto), aggiungere il resto degli ingredienti, il vino e la zuppa.
3. Condire il pollo con sale e pepe, coprire e brasare per circa 60 minuti, quindi togliere il coperchio e friggere per altri 10-15 minuti.
4. Togliete il pollo brasato dalla padella e servitelo con le patate e la salsa.

5. Patate al cumino nero con raita alla menta

- Tempo di cottura da 30 a 60 min
- Porzioni: 4

ingredienti

- 500 g di patate (ceree)
- 2 cucchiai di ghee
- 2 cucchiai di olio d'oliva
- sale
- 2 cucchiai di cumino nero
- 1 mazzetto di menta (fresca)
- 1 cucchiaino di semi di fieno greco
- 200 ml di yogurt bianco
- sale
- Pepe

preparazione

1. Per le patate al cumino nero, tagliare le patate a fette. Sciogliere il ghee in una piccola casseruola, mescolare con olio d'oliva e sale.
2. Mettere le patate su una teglia e spennellare con la miscela di burro chiarificato e sale. Cospargete di cumino nero e infornate a 200° per circa 30 minuti fino a doratura.
3. Bucherellate le fette più spesse con una forchetta per vedere se sono già morbide. Mentre le patate sono in forno, tritare finemente la menta, tritare i semi di fieno greco in un macinino per spezie (funziona più velocemente) o in un mortaio.
4. Per la raita, mescolare lo yogurt, la menta e il fieno greco fino a ottenere un composto omogeneo, condire con sale e pepe. Servite le patate al cumino nero con la raita alla menta.

6. La patata nel bagno di bellezza

- Tempo di cottura da 15 a 30 min
- Porzioni: 4

ingredienti

- 1 kg di patate (avanzi del giorno prima)
- 200 g di sottaceti (agrodolci)
- 3 cucchiai di panna
- 60 g di burro
- 40 grammi di farina
- 3/4 l di latte
- 2 cucchiaini di zuppa in polvere
- sale
- Pepe

preparazione

1. Per le patate nel bagno di bellezza, sciogliere il burro in un pentolino, aggiungere la farina, mescolando continuamente ea fuoco basso. Poi aggiungete il latte con la frusta e fate sobbollire finché non diventa bello gonfio. Condire con la zuppa in polvere, sale e pepe, aggiungere la panna e condire con acqua di salamoia.

2. Ma attenzione a non arrabbiarsi troppo. Tagliare il cetriolo e le patate a fettine. Poi fate sobbollire per qualche minuto nella besciamella e infine condite con il pepe.

7. Balsamo di patate per l'anima

- Tempo di cottura da 15 a 30 min
- Porzioni: 4

ingredienti

- 2 avocado (molto maturi)
- 4 cucchiai di Aceto Balsamico Bianco
- 3 cucchiai di gelato all'aceto balsamico
- 2 spicchi d'aglio
- sale
- Purè di patate:
- 4 patate (grandi, farinose)
- un po' di latte
- 1 pezzo di burro
- sale
- olio d'oliva

preparazione

1. Per il purè di patate, lessare le patate con la buccia finché sono tenere, sbucciarle e schiacciarle con un frullatore a immersione. Aggiungere il latte caldo, il burro e il sale. Sbucciare gli avocado, tagliarli a metà, tagliarli per il lungo a fettine sottili e distribuirli nei piatti.
2. Spremere l'aglio e distribuirlo sull'avocado. Marinare con aceto e sale. Aggiungere un cucchiaio abbondante di purè di patate e condire con olio d'oliva.

8. uova di patate al forno

- Tempo di cottura da 5 a 15 min
- Porzioni: 4

ingredienti

- 2 patate al forno (grandi)
- 40 g di burro
- 4 uova
- sale
- Pepe
- Erba cipollina (per guarnire)

preparazione

1. Per le uova di patate al forno, cuocere le patate con la buccia finché sono tenere e

dimezzate. Scavare le patate tagliate a metà con un cucchiaino, condire con sale e pepe.

2. Aggiungere il burro e infilare un uovo in ogni metà.

3. Mettere le patate ripiene in forno preriscaldato a 200°C per 10 minuti.

4. Togliere le uova di patate dal forno, guarnire con erba cipollina e servire.

9.padella di patate

- Tempo di cottura da 30 a 60 min
- Porzioni: 4

ingredienti

- 5 spicchi d'aglio (grandi)
- 1 rametto (i) di rosmarino (grande)
- 1,5 kg di patate novelle
- sale
- Pepe
- 7 cucchiai di olio d'oliva
- 250 g olive (nere, con nocciolo)
- 1/8 l di vino bianco (secco)

preparazione

1. Per il piatto di patate, sbucciate e tritate grossolanamente l'aglio, strappate il rametto di rosmarino e sbucciate le patate novelle

crude. Mettere le patate sbucciate in una teglia in modo che coprano il fondo.

2. Quindi salare e pepare, cospargere con aglio e rosmarino, adagiare sopra il ramo rimanente e cospargere con olio d'oliva. Infornare quindi in forno preriscaldato a 200°C per 30 minuti.

3. Aggiungere le olive e il vino bianco e far scorrere attraverso il tubo per altri 10 minuti.

4. Utilizzare immediatamente.

10. Crema di patate e pere gratinate

- Tempo di cottura Più di 60 min
- Porzioni: 4

ingredienti

Per il gratin di patate e pere Cremefine:

- 800 g di patate
- 1 pera
- 250 ml Rama Cremefine per cucinare
- Sale pepe

Delizioso complemento:

- 1 spicchio d'aglio
- 80 g di formaggio (grattugiato)

preparazione

1. Per il gratin di patate e pere, sbucciate le patate e tagliatele a fettine sottili. Disporre

la casseruola in file come un ventilatore. Condire bene con sale e pepe a piacere.

2. Preriscaldare il forno a 200°C (gas: livello 3, convezione: 180°C). Tagliare in quattro, seminare, sbucciare e affettare la pera. Disponeteli ben distribuiti tra le fette di patate.

3. Versarvi sopra la Crémefine e infornare le patate e le pere gratinate K nel forno preriscaldato per circa 50 minuti.

4. Si abbina molto bene con: Schiacciare lo spicchio d'aglio o tagliarlo finemente e mescolare con la Cremefine. Formaggio grattugiato, ad esempio B. Emmentaler, cospargere sul gratin e cuocere in forno.

RICETTE DI PATATE CON FRUTTI DI MARE E
PESCE

11. Patate al forno con insalata di aringhe

- Tempo di cottura Più di 60 min
- Porzioni: 4

ingredienti

Per le patate:

- Olio vegetale (per spennellare)
- 4 patate (grandi, per lo più cerose, circa 250 g ciascuna)
- sale
- Pepe (dal mulino)

Per l'insalata di aringhe:

- 6 filetti doppi
- 1 cipolla (grande, dolce)
- 2 mele (rosse)
- 120 g di panna acida
- 80 g di yogurt
- 60 g di maionese
- 1-2 cucchiai di aceto di mele
- 1 spruzzata di succo di limone
- sale
- 1 pizzico di zucchero
- Pepe (dal mulino)
- Aneto (tritato fresco, per guarnire)

preparazione

1. Per le patate al forno con insalata di aringhe, per prima cosa preriscaldare il forno a 200°C con calore superiore e inferiore. Spennellare 4 fogli di alluminio con olio.
2. Bucherellate più volte le patate con una forchetta, condite con sale e pepe e ogni volta avvolgetele bene in un foglio di alluminio. Mettere le patate al forno su una teglia e cuocere per circa 1 ora finché sono tenere.
3. Asciugare i filetti di aringa e tagliarli a bocconcini. Sbucciare la cipolla, tagliarla in otto e tagliarla a striscioline sottili. Lavate e tagliate in quarti le mele ed eliminate il

torsolo. Tagliare i quarti a metà nel senso della lunghezza e tagliarli a pezzi.

4. Mescolare la panna acida con yogurt, maionese, aceto e succo di limone fino a che liscio. Condire il condimento con sale, zucchero e pepe. Unire tutti gli ingredienti per l'insalata preparata e condire a piacere l'insalata di aringhe.

5. Togliere le patate, avvolgerle nella carta stagnola, tagliarle a croce, separarle un po' e farle evaporare brevemente. Versare l'insalata di aringhe, macinare leggermente con pepe e servire le patate al forno con un'insalata di aringhe cosparsa di aneto.

12. Filetti di matjes con patate novelle e brunch

- Tempo di cottura da 30 a 60 min
- Porzioni: 4

ingredienti

- 800 g di patate
- sale
- 1 pezzo di uovo
- 1 mazzetto di ravanelli
- 1 mazzetto di erba cipollina
- 200 g Brunch Classico
- 50 ml di latte
- 2 cucchiai di succo di limone
- Pepe (macinato fresco)
- 8 filetti di matje

preparazione

1. Lavate le patate e fatele cuocere in acqua salata per circa 25 minuti. Far bollire l'uovo sodo per circa 10 minuti. Lavate e mondate i ravanelli e tagliateli a bastoncini sottili. Lavate l'erba cipollina, asciugatela e tagliatela a rondelle.
2. Sbucciare l'uovo, tagliarlo a cubetti e unirlo al brunch, ai ravanelli, all'erba cipollina, al latte e al succo di limone. Servire con filetti di aringa e patate.

13. Pesce alle erbe con patate zucchine verdure

- Tempo di cottura da 30 a 60 min

ingredienti

Verdure patate e zucchine:

- 400 g di patate piccole grasse
- 1 pezzo di zucchine (circa 200 g)
- Sale pepe
- 2 rametti di timo
- 2 cucchiaini di olio d'oliva
- Foglio di alluminio

Pesce alle erbe:

- 2 camere. filetti di pesce magro (merluzzo, merluzzo carbonaro)
- 2 cucchiai di succo di limone

- Sale pepe
- 1 cucchiaino di scorza di limone grattugiata (non trattata)
- Erbe (a piacere)
- Foglio di alluminio

preparazione

1. Preriscaldare il forno a 180°C.
2. Per le verdure patate e zucchine, lavare e spennellare le patate. Precuocere in una pentola a vapore per circa 15 minuti, sbucciare e tagliare a pezzi grossi. Tagliare le zucchine a fettine sottili.
3. Mettere sopra due fogli di carta stagnola, distribuire le fette Oltre a questo, devi saperne di più.al centro le patate e le zucchine, condire con sale e pepe, mettere su ciascuna un rametto di timo e condire con olio d'oliva. Sigillare bene la confezione di alluminio.
4. Per il pesce alle erbe, adagiare un filetto di pesce condito con succo di limone, sale e pepe su altri due fogli di carta stagnola, cospargere con la scorza di limone e le erbe aromatiche. Chiudere bene la confezione.
5. Disporre i quattro sacchetti di alluminio su una teglia e cuocere in forno preriscaldato per circa 20 minuti.

6. Quindi aprire, servire il pesce alle erbe con le verdure di patate e zucchine.

14. Filetto di salmone con asparagi e verdure

- Tempo di cottura Più di 60 min
- Porzioni: 4

ingredienti

- 500 g di asparagi (bianchi)
- 2 zucchine (piccole)
- 1 porro (piccolo)
- 600 g di salmone a fette
- 500 g di patate

preparazione

1. Sbucciare le patate, tagliare le verdure a pezzi non troppo piccoli, salare il salmone e bagnare con il succo di limone.
2. Mettere le patate in una ciotola forata. Disporre le verdure separatamente in una ciotola forata e adagiare anche i filetti di salmone nella propria ciotola forata leggermente unta.
3. Per prima cosa mettete le patate nella vaporiera. Impostazione di cottura delle verdure a 100°C per 30 minuti.
4. Dopo 20 minuti, mettete gli asparagi e il porro nella vaporiera, quindi aggiungete il salmone e le zucchine per gli ultimi 5 minuti.

15. Salmone primaverile dal piroscafo

- Tempo di cottura da 15 a 30 min
- Porzioni: 4

ingredienti

- 1 mazzetto di cipollotti
- 500 g di filetti di pesce (salmone Iglo TK)
- sale
- Pepe
- aneto
- 1 limone
- 250 ml di panna montata
- 3 uova
- 2 patate (piccole)
- pomodori ciliegini

preparazione

1. Tritare le cipolle novelle e farle rosolare un po'. Distribuire in una grande ciotola non forata.
2. Tagliare il salmone in ca. cubetti di 1 cm e stendervi sopra.
3. Montate la panna con le uova, grattugiate le patate, condite e distribuite sul salmone.
4. Cuocere a 100 gradi per circa 20 minuti.
5. Servire con pomodorini tagliati a metà e una salsa all'aneto (aneto, sale, panna acida).

16. Salmone su letto di verdure

- Tempo di cottura da 30 a 60 min
- Porzioni: 4

ingredienti

- 400 g di carote
- 200 g di zucchine
- 4 stanze. cipolle primaverili
- 600 g di patate
- sale
- Pepe
- 600 g di filetto di salmone (preferibilmente selvaggio)
- un po' di succo di limone
- Spicchi di limone (per guarnire)

preparazione

1. Per il salmone in un letto di verdure, pelare le patate, lavare le carote e le zucchine e tagliarle a pezzi non troppo piccoli. Sbucciare i cipollotti e tagliarli a listarelle. Mettere le patate in una ciotola forata.
2. Mettere le verdure in un altro contenitore di cottura forato e condire con S&P. Condire il filetto di pesce, irrorarlo con il succo di limone e metterlo anche nella sua ciotola forata leggermente unta.
3. Per prima cosa cuocete le patate al vapore per 30 minuti. Dopo 18 minuti, mettere il salmone nella vaporiera, abbassare la temperatura a 85 °C. Cuocere a vapore le verdure per gli ultimi 6 minuti.
4. Salare le patate a piacere. Disporre le patate e le verdure nei piatti, adagiare le fettine di salmone sulle verdure. Servire guarnendo con uno spicchio di limone.

17. Insalata di aringhe con melograno

- Tempo di cottura Più di 60 min
- Porzioni: 4

ingredienti

- 8 pezzi di filetti di aringa
- 1 mela (es.: Boskop)
- 200 g di patate (cotte)
- 3 cucchiai di aceto
- 1 cucchiaino di zucchero
- 4 cucchiai di maionese
- 250 g di panna acida
- Pepe
- sale
- 1 cipolla (piccola, tritata)
- 1 melograno

preparazione

1. Per l'insalata di aringhe con melograno, filetti di aringa disossati e secchi. Tagliare i filetti a cubetti.
2. Sbucciare e tagliare a cubetti la mela e le patate bollite.
3. Arrotolare il melograno su una superficie solida con una leggera pressione, quindi aprirlo e rimuovere i semi di melograno.
4. Sbattere la maionese con panna acida, aceto, zucchero, pepe e sale. Mondate e tritate finemente la cipolla e unitela al sugo.
5. Mescolare l'aringa, i pezzi di mela, le patate e i semi di melograno nella miscela di panna acida.
6. Lasciare in infusione l'insalata di aringhe al melograno per circa 1 ora, quindi servire.

18. Salmerino con purea di cocco all'aglio orsino

- Tempo di cottura da 30 a 60 min

ingredienti

- 4 pezzi di salmerino
- 400 g di patate farinose
- 5 g di aglio orsino
- 150 ml di latte di cocco
- 3 cucchiai di olio
- 1 cucchiaio di olio di sesamo per friggere
- Noce moscata
- sale

preparazione

1. Lessate le patate in acqua salata finché sono tenere, sbucciatele ancora calde, passatele nello schiacciapatate e mettetele in una ciotola. Lavate l'aglio orsino, schiacciatelo

con 3 cucchiai di olio e unite le patate al latte di cocco e amalgamate bene il tutto con la frusta. Condire a piacere con sale e noce moscata. Scaldare una padella antiaderente, versare l'olio di sesamo e rosolare i filetti di pesce conditi con sale e pepe da entrambi i lati per circa 2 minuti. Disporre la poltiglia nei piatti, i filetti di pesce accanto o sopra.

19.Gröstl di pesce gatto affumicato

- Tempo di cottura da 30 a 60 min
- Porzioni: 2

ingredienti

- 300 g di cavolfiore (cavolfiore)
- 20 g di burro di noci liquido
- 10 g di yogurt
- 20 ml di aceto balsamico invecchiato
- Sale marino, pepe macinato fresco
- 3 patate
- 1 cucchiaio di olio di arachidi
- 240 g di pesce gatto di fiume affumicato
- sale

preparazione

1. Cuocere metà del cavolfiore finché è tenero e schiacciato con il burro di noci, lo yogurt e l'aceto balsamico, condire e tenere in caldo.
2. Dividere il resto del cavolfiore in cimette e cuocere al dente. Tagliare le patate a cubetti e cuocere. Friggere le cimette di cavolfiore e i cubetti di patate in olio di arachidi.
3. Tagliare a cubetti il filetto di pesce gatto, metterlo su un piatto, aggiustare di sale, avvolgerlo in una pellicola resistente al calore e cuocere a fuoco lento a ca. 90°C per 10 minuti. Servire con purè di cavolfiore e Gröstl e condire con un'emulsione di burro di noci balsamiche.

20. Carpa in pasta di birra scura con insalata di patate verdi

- Tempo di cottura da 15 a 30 min

ingredienti

- 4 pezzi di filetti di carpa
- sale
- cumino
- Succo di limone
- 1/4 l di birra scura
- 2 pezzi di tuorli d'uovo
- 250 g di farina

Per l'insalata di patate:

- Patate
- Pesto di aglio orsino (o pesto di basilico)
- Razzo
- panna acida
- l'aceto
- olio
- sale

preparazione

1. Per l'insalata di patate, lessare e sbucciare le patate, tagliarle a pezzetti. Unire pesto, panna, aceto, olio e sale per formare una marinata cremosa.

2. Tagliate il filetto di carpa a listarelle e condite con sale, pepe, cumino e succo di limone.
3. Impastare il tuorlo d'uovo, la farina e la birra scura, passarvi i filetti di pesce e friggerli nel grasso bollente.
4. Disporre la rucola nei piatti, guarnire con l'insalata di patate verdi, i filetti di carpa e servire.

21.Carne macinata con purè di patate

- Tempo di cottura Più di 60 min
- Porzioni: 2

ingredienti

- 6 pomodori
- 6 scalogni
- 1 spicchio d'aglio
- olio per friggere)
- 500 g di carne macinata
- sale
- Pepe (dal mulino)

Per il purè di patate:

- 800 g di patate
- 350 ml di latte
- 80 g di burro (a scaglie)

- sale
- Pepe bianco)
- 1 pizzico di noce moscata (macinata)

preparazione

1. Per la carne macinata con purè di patate, pelare prima le patate, tritarle grossolanamente e cuocerle in acqua salata finché sono tenere. Versare e strizzare. Scaldare il latte e mescolarlo alle patate. Incorporare il burro. Condire con sale, pepe e noce moscata.
2. Sbollentate i pomodori e privateli della pelle. Tagliare la polpa a cubetti. Mondate e tritate finemente gli scalogni. Sbucciare e spremere o tritare finemente l'aglio.
3. Scaldare l'olio e rosolare lo scalogno e l'aglio. Aggiungere la carne macinata e rosolare bene. Aggiungere i pomodori. Fate sobbollire per circa mezz'ora. Aggiustare di sale e pepe. Se necessario, frullare.
4. Servire la carne macinata con purè di patate.

22. Polpette

ingredienti

Per l'impasto:

- 500 g di patate
- 10 g di burro
- 30 g di semola di grano duro
- 120 g di farina (pratica)
- 1 pezzo di uovo
- sale
- Noce moscata

Per pienezza:

- 1 cucchiaio di olio di semi di girasole
- 100 g di cipolle
- 200 g di carne macinata (mista)
- 1 cucchiaio di QimiQ
- sale

- Senape, pepe
- maggiorana, aglio

preparazione

1. Preparare la pasta di patate: sbucciare, tagliare in quarti e cuocere a vapore le patate. Schiacciare le patate su una spianatoia infarinata, stendervi sopra i fiocchi di burro e impastare brevemente con il resto degli ingredienti fino a formare un impasto.
2. Preparare la guarnizione: tritare finemente le cipolle, arrostirle nell'olio, aggiungere la carne macinata, far rosolare brevemente, far addensare con QimiQ e condire.
3. Consegna l'acqua.
4. Formate un panetto con la pasta, tagliatelo a fette, stendeteci sopra il ripieno, formate delle palline e chiudete bene.
5. Mettere a bagno le polpette in acqua salata per circa 10-15 minuti.
6. Tirate fuori le polpette con un cucchiaio setacciato e servite.

23. Spinaci con bollito di manzo e patate arrosto

ingredienti

- 1 confezione di spinaci surgelati
- 1 spicchio d'aglio (spremuto)
- 6 patate (circa 300 g, cotte e tritate)
- 1 cipolla (tagliata a pezzetti)
- un filo d'olio (per friggere)
- sale
- 300 g di manzo (cotto, ad es. spallina, forbici magre)
- Pepe (macinato fresco)

preparazione

1. Scongelare gli spinaci e scaldarli in una casseruola.

2. Sbucciare e spremere lo spicchio d'aglio e aggiungerlo agli spinaci, mescolare bene.
3. Soffriggere la cipolla nell'olio, aggiungere le patate, condire con sale e pepe e friggere fino a renderle croccanti, rigirandole spesso.
4. Tagliare la carne a fette.
5. Mettere gli spinaci nel piatto, adagiare sopra la carne di manzo, aggiungere le patate e servire subito.

24. Cipolla arrosto con purè di patate

- Tempo di cottura da 30 a 60 min

ingredienti

- 500 g di patate (infarinate)
- 100 ml di latte
- 1 cipolla
- 2 fetta/e di Beiried (200 g ciascuna)
- 150 ml di brodo di vitello
- 150 ml di vino rosso
- sale
- Pepe
- Noce moscata
- paprica
- Farina
- Burro
- olio

preparazione

1. Sbucciare le patate, tagliarle in quarti e lessarle in acqua salata, quindi scolarle e passarle al torchio mentre sono ancora calde. Sbattere il latte caldo, 1 cucchiaio di burro, il sale e la noce moscata e tenere in caldo il purè.
2. Tagliare la cipolla a fettine sottili, condirla con sale, pepe e paprika e cospargerla di farina, friggere in olio bollente fino a doratura.
3. Condite la carne con sale e pepe e fatela rosolare da entrambi i lati in una padella con olio, quindi fate sobbollire per qualche minuto a fuoco lento.
4. Togliete la carne dalla padella e tenetela al caldo. Sfumare l'arrosto con il brodo e il vino rosso e farlo ridurre della metà.
5. Servite la carne con il purè di patate e le cipolle, versateci sopra la salsa e servite.

25. Polpette di fegato e patate con lattuga

ingredienti

- 350 g di fegato di vitello
- 350 g di patate (cotte)
- 2 uova
- 100 g di farina
- 2 cucchiai di strutto (o olio)
- 120 g di pangrattato
- 120 g di cipolle (tritate finemente)
- 2 spicchi d'aglio (tritati finemente)
- 1/2 cucchiaio di maggiorana (tritata)
- sale
- Pepe
- 200 g di valeriana
- Aceto (e olio per la marinatura)
- olio per friggere)

preparazione

1. Tritare grossolanamente il fegato di vitello o tritarlo molto finemente. Pressare le patate cotte in una pressa per mele. Rosolare le cipolle e l'aglio tritati nel grasso bollente, unire il fegato, le patate strizzate e le uova. Condire con sale, pepe e maggiorana.

2. Unire al composto la farina e il pangrattato. Versare l'olio in una padella con le dita alte e scaldare. Con un cucchiaio tagliare le camme dalla massa e cuocerle. Sollevare e scolare. Marinare la valeriana con aceto, olio e sale e servire con le polpette.

26. Zuppa di verdure a radice con patate

- Tempo di cottura da 15 a 30 min

ingredienti

- 250 g di carote (gialle)
- 250 g di carote
- 200 g di pastinaca
- 5 patate (piccole)
- Prezzemolo (fresco)
- 1 cucchiaio di olio di colza
- Pepe
- Cubetti di zuppa di verdure

preparazione

1. Per la zuppa di verdure con patate, pelare le carote, le carote gialle e le pastinache, affettarle o tagliarle a cubetti. Arrostire in olio di colza, versare acqua e far bollire.
2. Un quarto d'ora dopo aggiungete le patate e fate cuocere il tutto finché sono teneri. Condire a piacere con pepe e condimento per zuppa di verdure. Alla fine aggiungete il prezzemolo lavato e tritato.
3. La zuppa di verdure di radice con patate servire.

27. Zuppa di patate e funghi

ingredienti

- 4 patate (circa 500 g)
- 3 carote (circa 300 g)
- 150 g di sedano rapa
- 2 pezzi Cipolle
- 150 g di funghi
- 250 ml di panna montata
- 1 l di passato di verdure
- 2 cucchiai di farina
- 1 cucchiaio di salsa di soia
- Maggiorana
- levistico
- salato
- semi di cumino
- Noce moscata
- semi di fechel
- Pepe

- sale
- 1 mazzetto di erba cipollina
- 1/2 mazzetto di prezzemolo
- 6 cucchiaini di crema di rafano (aggiungere 1 cucchiaino per porzione)

preparazione

1. Per la zuppa di patate e funghi, tagliare le cipolle a cubetti molto piccoli e farle rosolare fino a doratura. Tagliate a cubetti i funghi e aggiungeteli alle cipolle.
2. Tagliare a cubetti le patate, le carote e il sedano rapa, aggiungere e saltare brevemente. Aggiungere la farina e far rosolare brevemente. Versarvi sopra la zuppa, condire con maggiorana, levistico, santoreggia, semi di cumino, noce moscata, semi di finocchio, sale e pepe.
3. Portare a bollore brevemente, aggiungere la panna montata, quindi lasciare in infusione al livello più basso fino a quando le verdure non saranno cotte.
4. Aggiungere l'erba cipollina e il prezzemolo, condire bene e servire la zuppa di patate e funghi con il rafano.

28. Zuppa di patate

- Tempo di cottura da 15 a 30 min

ingredienti

- 450 g di patate
- 1 porro/i
- 200 g di carote
- 2 pezzi Cipolle
- di. 150 g di sedano rapa
- la minestra
- foglie di alloro
- Maggiorana
- Erba cipollina
- sale
- 1 cucchiaio di farina
- salato
- levistico
- prezzemolo

- Pepe

preparazione

1. Per la zuppa di patate, tagliare a dadini la cipolla, tritare grossolanamente le verdure, rosolare le cipolle in una casseruola fino a doratura, aggiungere il porro e la farina e far rosolare brevemente.
2. Aggiungere le verdure rimanenti e le foglie di alloro e versare sulla zuppa. Cuocere fino a quando le patate sono cotte.
3. Unite ora la maggiorana, la santoreggia e il levistico e lasciate in infusione. Prima di servire aggiungete l'erba cipollina e il prezzemolo alla zuppa di patate.

29. Zuppa di patate con finferli

ingredienti

- 1 pezzo di cipolla
- Olio d'oliva (per brasare)
- 300 g di patate
- 400 ml zuppa di verdure
- 250 ml di soia
- 2 pezzi di foglie di alloro
- 1 cucchiaino di maggiorana
- 1 cucchiaino di zenzero (grattugiato)
- 150 g di finferli
- sale
- Prezzemolo (tritato, per spolverare)
- Pepe

preparazione

1. Per la zuppa di patate, tagliare la cipolla a pezzetti. Sbucciare e tagliare a cubetti le patate, pulire i finferli e se necessario tagliarli a pezzi più piccoli.
2. Soffriggere la cipolla in olio d'oliva finché non diventa traslucida. Grigliare brevemente i cubetti di patate, versare la zuppa di soia e cuocere, aggiungere le spezie e far sobbollire per 10 minuti fino a quando le patate saranno tenere.
3. Nel frattempo, tostare brevemente i finferli in olio d'oliva e aggiungerli alla zuppa 3 minuti prima della fine del bollore. Cospargere la zuppa con prezzemolo prima di servire.

30. Zuppa di patate e cavoli

ingredienti

- 500 g di patate
- 3 cipolle
- 750 g di cavolo cappuccio bianco (a fette)
- 1 litro di zuppa
- 500 g di pancetta (magra)
- 3 cucchiai di semi di cumino
- 1 cucchiaio di farina
- 1 cucchiaio di burro
- 3 cucchiai di panna acida
- 1 cucchiaio di sale
- Pepe

preparazione

1. Per la zuppa di patate e cavolo, soffriggere nella zuppa il cavolo bianco sminuzzato, le patate sbucciate e la pancetta magra a cubetti finché sono teneri. Condire a piacere con sale, semi di cumino e pepe.

2. Prima di servire, rosolare in poco burro le cipolle tritate finemente, cospargerle di farina, mescolarle con un po' di panna acida e unire alla zuppa di cavoli e patate.

31. Zuppa di patate con salsiccia

ingredienti

- 1 confezione di zuppa verde Tk
- 800 g di patate
- 1 cipolla
- 30 g di burro
- 750 ml zuppa di manzo ((istantanea))
- 125 ml di panna montata
- sale
- Pepe
- Paprika (dolce nobile)
- 4 wurstel
- 1 mazzetto di prezzemolo

preparazione

1. Scongelare le verdure dalla zuppa. Sbucciare e sciacquare le patate, tagliarle a cubetti.

Sbucciare e tritare la cipolla, farla rosolare nel burro fino a renderla traslucida. Aggiungere le patate e far rosolare brevemente. Versare la zuppa chiara, cuocere tutto insieme per 12-15 minuti.

2. Togliere 1/3 delle patate, macinare il resto in padella. Rimettere nella pentola i pezzi di patate rimanenti con le verdure scongelate e la panna montata. Zuppa 6-8 min.

3. Condire con peperoni, sale e pepe. Saltare i wurstel in acqua calda, scolarli e scolarli. Tagliare a fettine piccole. Sotto forma di zuppa di patate. Sciacquare il prezzemolo, scuoterlo per farlo asciugare, tritarlo finemente e cospargerlo prima di servire.

32. zuppa di crema di zucca

ingredienti

- 1 zucca (Hokaido)
- 2 cipolle
- 2 spicchi d'aglio
- 5 patate
- 1 l di passato di verdure
- 250 ml di panna acida (o 200 ml di panna montata)
- Olio di semi di zucca
- sale

preparazione

1. Per la crema di zucca, tritare finemente la cipolla e l'aglio. Tagliare la zucca e la patata a pezzetti.
2. Scaldare l'olio in una pentola capiente e far appassire leggermente i pezzi di cipolla e l'aglio. Versare sopra la zuppa e portare a bollore. Aggiungere la zucca e i pezzi di patate e cuocere a fuoco lento per 20 minuti.
3. Passare la zuppa dopo 20 minuti. Incorporate bene la panna acida o la panna montata e aggiustate di sale.
4. Mettere in un piatto fondo e decorare la crema di zucca con olio di semi di zucca.

33. Zuppa di patate con spiedini di tofu

ingredienti

- 750 g di patate
- 3 pezzi. Cipolle
- 2 cucchiai di olio d'oliva
- 1 l di passato di verdure
- 2 zucchine (piccole)
- 200 g di tofu
- 1 cucchiaio di semi di sesamo
- sale
- 250 ml di soia (panna da cucina)
- 1 cucchiaio di senape
- Maggiorana
- Pepe

preparazione

1. Per la zuppa di patate allo spiedo di tofu, pelare e tritare le patate e le cipolle. Scaldate 1 cucchiaio di olio in una casseruola e fate rosolare brevemente la cipolla.
2. Aggiungere le patate, sfumare con la zuppa. Portare a bollore e cuocere per 15 minuti. Tagliare a fette le zucchine e il tofu e infilarli alternativamente su spiedini di legno.
3. Friggere gli spiedini in olio bollente fino a doratura girandoli. Cospargere con semi di sesamo e condire con sale e pepe.
4. Frullare la zuppa, mescolare la panna da cucina e la senape e aggiungere alla zuppa, riportare a bollore. Condire con sale e pepe.
5. Serve zuppa di patate con spiedini di tofu.

34. Zuppa di patate alcalina

ingredienti

- 500 ml di acqua
- 1 cubetto di zuppa di verdure
- 1 pizzico di acerola in polvere
- 8 patate (medie)
- 100 g di carote (grattugiate finemente)
- 1 porro (porro, bastone)
- 1 kg di cipolla (tritata finemente)
- 2 cucchiai di panna
- 1 cucchiaio di aneto (fresco, tritato finemente)
- 1 cucchiaio di burro
- sale marino
- 1 pizzico di pepe
- 1 pizzico di paprika macinata

preparazione

1. Per la zuppa di patate alcalina, soffriggere la cipolla nel burro fino a renderla traslucida. Versaci sopra dell'acqua.
2. Aggiungere le patate e le verdure tritate finemente e portare a bollore.
3. Fate sobbollire a fuoco basso per 15 minuti poi riducete ad una purea. Raffinare con la panna e condire con le spezie.
4. Cospargere la parte superiore con aneto tritato finemente.
5. Aggiungere la polvere di acerola poco prima di servire nella zuppa di patate base.

35. Stufato di fagioli

ingredienti

- 3 kg di fagioli (freschi)
- 400 g di agnello
- 750 g di patate
- 40 g di burro
- 400 ml di acqua
- salato
- Pepe macinato)
- sale

preparazione

1. Per lo stufato di fagioli, tagliare la carne a cubetti.

2. Pelare, lavare e tagliare a cubetti le patate. Scaldare il burro, girare la carne e farla rosolare leggermente, salare e pepare.
3. Aggiungere la santoreggia, le patate, i fagioli e l'acqua, cuocere a fuoco lento per ca. 1 1/2 ore. Condire lo stufato di fagioli con sale e pepe e servire caldo.

36. Involtini di patate dolci

ingredienti

- 250 g di patate (infarinate)
- 250 g di farina di frumento (liscia)
- 250 g di farina integrale
- 1 bustina di lievito secco
- 80 g di zucchero
- 1 pezzo di uovo
- 80 g di yogurt (a basso contenuto di grassi)
- 1/8 l di latte scremato (tiepido o acqua)

preparazione

1. Cuocere le patate con la buccia per circa 20 minuti. Sbucciare a caldo e pressare in uno

schiacciapatate. Lascia raffreddare leggermente.

2. Mescolare la farina, il lievito, lo zucchero, l'uovo e lo yogurt. Versare un po' di liquido. All'inizio solo circa 100 ml e il resto solo quando necessario. Impastare energicamente l'impasto con il robot da cucina per circa 5 minuti.

3. Se necessario, aggiungete ancora un po' di liquido in modo che l'impasto abbia una consistenza liscia. Coprire e far lievitare l'impasto in un luogo caldo per ca. 45 - 30 minuti.

4. Quindi formare 15 rotoli e adagiarli su una teglia forata, unta (o foderata con carta da forno).

5. Lasciar lievitare per altri 10 minuti. Vapore per 45 minuti.

37. Spirali di patate allo spiedo

ingredienti

- 4 patate (grandi)
- 2 cucchiai di olio
- 1 pizzico di timo (essiccato, strofinato)
- sale
- Pepe (dal mulino)
- 4 spiedini di legno

preparazione

1. Per le spirali di patate sullo spiedo, prima preriscaldare il forno a 190°C di aria calda. Foderare una teglia con carta da forno. Sbucciare le patate e metterle in acqua fredda se necessario.

2. Incollare la patata per il lungo su uno spiedino di legno. Tagliare tutto intorno con un coltello affilato allo spiedo e girare lo spiedino in modo che si formino delle spirali. Separati un po'. Mettere sulla teglia.
3. Unire l'olio con sale, pepe e timo essiccato e spennellare con esso le spirali di patate. Patate a spirale su uno spiedo per circa 20 minuti per cuocere.

38. Crema di patate

ingredienti

- 2 patate (es. Ditta)
- 1/2 cipolla
- 1/2 spicchio d'aglio
- 2 cucchiai di yogurt magro
- 1 cucchiaio di panna acida (panna acida)
- Erba cipollina (e/o prezzemolo)
- sale
- Pepe (dal mulino)

preparazione

1. Lessare le patate e lasciarle raffreddare.
2. Quindi sbucciare e schiacciare con lo schiacciapatate o schiacciarle molto finemente.

3. Sbucciare e tritare finemente la cipolla, schiacciare l'aglio, tagliare l'erba cipollina a rondelle.
4. Mescolare le patate, le cipolle, l'aglio con lo yogurt, la panna acida e l'erba cipollina, condire con sale e pepe.

39. Skordalia (pasta di patate e aglio)

ingredienti

- 400 g di patate (mezze dure lessate)
- 4-6 spicchi d'aglio (tritati molto finemente)
- 125 ml di zuppa di pollo
- 50 g di olive (nere)
- 5 cucchiai di olio d'oliva
- 1 limone
- Sale marino (dal mulino)
- Pepe (dal mulino)

preparazione

1. Lessare le patate sbucciate finché sono tenere, raffreddare e schiacciarle grossolanamente con una forchetta in una

ciotola. Mescolare la zuppa di aglio e pollo e aggiungere gradualmente l'olio d'oliva fino a formare una miscela cremosa. Condire con succo di limone, sale e pepe. Affogare, tritare le olive quindi incorporarle. Servire tiepido o freddo.

40. Spicchi d'aglio orso alcalino

ingredienti

- 20 g di aglio orsino
- 100 g di yogurt (0,1% di grassi)
- 400 g di patate (crude)
- 25 g di olio di colza
- 1 g di pepe
- 25 ml di acqua
- 1g di sale

preparazione

1. Per gli spicchi di aglio selvatico di base, lavare prima le patate e tagliarle a spicchi. Mescolare finemente l'aglio orsino con acqua e olio. Condire l'olio all'aglio orsino con sale. Marinare le patate nell'olio e cuocerle in forno a 180°C per circa 30-35 minuti (il tempo

di cottura dipende dalla grandezza delle crepe).

2. Nel frattempo, mescolare lo yogurt con la panna acida e condire con sale e pepe. Servire gli spicchi di aglio selvatico alcalino con salsa allo yogurt.

41. Insalata di aringhe con sedano

ingredienti

- 8 pezzi di filetti di aringa
- 1 mela
- 200 g di patate (cotte)
- 3 cucchiai di aceto
- 1 cucchiaino di zucchero
- 4 cucchiai di maionese
- 250 g di panna acida
- Pepe
- sale
- 2 gambi di sedano

preparazione

1. Disossare e asciugare i filetti di aringa. Tagliare i filetti a cubetti.
2. Sbucciare e tagliare a cubetti la mela e le patate bollite.

3. Tagliare il sedano a pezzetti.
4. Sbattere la maionese con panna acida, aceto, zucchero, pepe e sale.
5. Incorporare l'aringa, i pezzi di mela, le patate e il sedano nella miscela di panna acida.
6. Lasciare in infusione per circa 1 ora quindi servire.

42. Cipolle leggere spalmate con mela e pancetta

ingredienti

- 200 g di patate
- 80 g di pancetta per hamburger
- 1/2 cipolla
- 1/2 mela (acida)
- 2 cucchiai di panna acida
- 1 cucchiaino di succo d'arancia
- sale
- Pepe

preparazione

1. Per la cipolla leggera spalmata di mela e pancetta, sbucciare e tagliare a cubetti le patate e cuocerle in acqua salata finché sono tenere. Tagliate la pancetta a cubetti e fatela

rosolare in padella fino a renderla croccante, scolatela su carta assorbente.

2. Tagliate la cipolla a dadini piccoli e fatela bollire brevemente in poca acqua salata, sciacquatela in un colino e scolatela bene.

3. Tagliare la mela a cubetti, passare le patate attraverso una pressa per mele o schiacciare con una forchetta, mescolare bene con la panna acida. Aggiungere il resto degli ingredienti (lasciare un po' di pancetta per la guarnizione) e mescolare bene.

4. Infine, condisci la crema con le cipolle leggere.

43. Insalata di aringhe con pere e noci

ingredienti

- 8 pezzi di filetti di aringa
- 200 g di patate (cotte)
- 2 pere
- 250 g di panna acida
- Pepe
- sale
- 1 cipolla (piccola, tritata)
- 1 cucchiaino di zucchero
- 3 cucchiai di aceto
- 4 cucchiai di maionese
- 30 g di noci (tritate grossolanamente)

preparazione

1. Disossare e asciugare i filetti di aringa. Tagliare i filetti a cubetti.
2. Sbucciare e tagliare a cubetti le pere e le patate lesse.
3. Sbattere la maionese con panna acida, aceto, zucchero, pepe e sale. Mondate e tritate finemente la cipolla e unitela al sugo.
4. Incorporare l'aringa, i pezzi di pera, le noci e le patate alla miscela di panna acida.
5. Lasciare in infusione per circa 1 ora quindi servire.

44. Insalata di aringhe con melone

ingredienti

- 8 pezzi di filetti di aringa
- 200 g di patate (cotte)
- 1/2 pezzo di melone con zucchero
- 1 cipolla (piccola, tritata)
- 1 cucchiaino di zucchero
- 3 cucchiai di aceto
- 250 g di panna acida
- 4 cucchiai di maionese
- Pepe
- sale

preparazione

1. Disossare e asciugare i filetti di aringa. Tagliare i filetti a cubetti.
2. Sbucciare il melone e tagliarlo a pezzetti. Sbucciare e tagliare a cubetti le patate lesse.
3. Sbattere la maionese con panna acida, aceto, zucchero, pepe e sale. Mondate e tritate finemente la cipolla e unitela al sugo.
4. Incorporare l'aringa, i pezzi di melone e le patate alla miscela di panna acida.
5. Lasciare in infusione per circa 1 ora quindi servire.

45. Focacce di patate

ingredienti

- 600 g di patate
- 200 grammi di farina
- 1 uovo
- sale
- 1 pizzico di noce moscata
- Farina (per arrotolare)
- Burro chiarificato (per pasticceria)
- Burro (liquido per condire)
- 3 cucchiai di panna acida
- Latticello (a scelta, cagliata o yogurt, oltre che freddo)

preparazione

1. Per prima cosa lessare, scolare e pelare le patate.

2. Passare al setaccio e impastare con la farina, l'uovo, il sale e la noce moscata fino a formare un impasto sciolto.
3. Per prima cosa, forma dei rotoli spessi un pollice dall'impasto finito e taglia i rotoli di ca. 2-3 cm di lunghezza con un coltello inumidito.
4. Infarinare bene e rosolare tutto intorno nel burro chiarificato caldo fino a doratura (un procedimento meglio farlo strato per strato, perché non tutti i paunzen possono stare in una padella).
5. Condire i Paunzen finiti con burro fuso e servire con latticello, latte acido o yogurt e crauti freddi a scelta.

46. Strudel di patate con verdure

ingredienti

- 250 g di patate (infarinate)
- 50 g di carote
- 200 g di broccoli
- sale
- Pepe
- 100 g di formaggio cremoso (a basso contenuto di grassi)
- Erbe fresche
- 1 foglio di strudel
- Latte per spennellare

preparazione

1. Per lo strudel di patate e verdure, lessare le patate, farle raffreddare, sbucciarle e schiacciarle. Pulite le carote e tagliatele a cubetti.
2. Lavate i broccoli e tagliateli a cimette. Lessare le carote e i broccoli in poca acqua fino al dente. Mescolare il purè di patate con la crema di formaggio, condire e aggiungere le erbe tritate.
3. Adagiate la teglia dello strudel su una teglia foderata con carta da forno e spalmatevi sopra il composto di patate e formaggio cremoso. Arrotolare lo Studel e spennellarlo con il latte.
4. Cuocere in forno preriscaldato a 170°C per 30 minuti.

47. Insalata di aringhe con arancia

ingredienti

- 8 pezzi di filetti di aringa
- 200 g di patate (cotte)
- 2 pezzi di arancia
- sale
- 1 cipolla (piccola, tritata)
- 1 cucchiaino di zucchero
- 3 cucchiai di aceto
- 250 g di panna acida
- 4 cucchiai di maionese
- Pepe

preparazione

1. Disossare e asciugare i filetti di aringa. Tagliare i filetti a cubetti.
2. Sbucciare le arance, eliminare la buccia bianca e tagliare a pezzi sottili il filetto. Sbucciare e tagliare a cubetti le patate lesse.
3. Sbattere la maionese con panna acida, aceto, zucchero, pepe e sale. Mondate e tritate finemente la cipolla e unitela al sugo.
4. Incorporare le aringhe, i pezzi di arancia e le patate alla miscela di panna acida.
5. Lasciare in infusione per circa 1 ora quindi servire.

48. Insalata di aringhe con uva

ingredienti

- 8 pezzi di filetti di aringa
- 200 g di patate (cotte)
- 300 g di uva
- 3 cucchiai di aceto
- 250 g di panna acida
- 4 cucchiai di maionese
- Pepe
- sale
- 1 cipolla (piccola, tritata)
- zucchero

preparazione

1. Disossare e asciugare i filetti di aringa. Tagliare i filetti a cubetti.
2. Tagliare a metà i singoli acini. Sbucciare e tagliare a cubetti le patate lesse.
3. Sbattere la maionese con panna acida, aceto, zucchero, pepe e sale. Mondate e tritate finemente la cipolla e unitela al sugo.
4. Incorporare l'aringa, i pezzi d'uva e le patate alla miscela di panna acida.
5. Lasciare in infusione per circa 1 ora quindi servire.

49. Insalata di aringhe con avocado

ingredienti

- 8 pezzi di filetti di aringa
- 200 g di patate (cotte)
- 1 mela
- 4 cucchiai di maionese
- 250 g di panna acida
- Pepe
- sale
- 1 cipolla (piccola, tritata)
- 1 cucchiaino di zucchero
- 3 cucchiai di aceto
- 2 pezzi di avocado

preparazione

1. Disossare e asciugare i filetti di aringa.
   Tagliare i filetti a cubetti.

2. Sbucciare e tagliare a cubetti la mela e le patate bollite.
3. Sbucciare l'avocado e tagliare la polpa a pezzetti.
4. Sbattere la maionese con panna acida, aceto, zucchero, pepe e sale. Mondate e tritate finemente la cipolla e unitela al sugo.
5. Mescolare l'aringa, i pezzi di mela, i pezzi di avocado e le patate nella miscela di panna acida.
6. Lasciare in infusione per circa 1 ora quindi servire.

50. patate fritte

ingredienti

- 500 g di patate
- sale
- Pepe
- semi di cumino

preparazione

1. Per le patate saltate, preriscaldare il forno a 180°C.
2. Lavate bene le patate, non sbucciatele, tagliatele a fette spesse 1 cm.
3. Adagiate su una teglia ricoperta di carta da forno, salate e pepate e, se necessario, cospargete con semi di cumino.

4. Friggere le patate saltate in forno per circa 20 minuti.

CONCLUSIONE

Le patate sono meno carboidrati, assorbono di più e hanno meno calorie del riso o della pasta. È quindi l'accompagnamento perfetto se si vogliono ridurre le calorie consumate.

Il suo amido si trasforma in amido resistente dopo il raffreddamento, che non può essere diviso dal corpo.

Se piante, cerca sempre di non prendere il sole prima di raccoglierle. Altrimenti, produrranno solanina, un veleno naturale. Se una patata diventa verde, significa che ha un alto contenuto di solanina e dovresti evitare di mangiarla.

Le patate novelle sono le più adatte per la cottura. Anche chi ha la pelle leggermente fragile offre gli stessi valori nutrizionaliOltre a questo, devi saperne di più.e sono ugualmente sani. Le patate dolci o patate dolci contengono più zuccheri naturali rispetto alla versione classica.

IL LIBRO PERFETTO PER LA DIETA DELLA PATATA

50 RICETTE SEMPLICI E GUSTOSE DI PATATE PER RIPRISTINARE IL TUO METABOLISMO

XAVIERO BUCCIO

INTRODUZIONE

La dieta della patata è una delle monodiete ricche di carboidrati, cioè una dieta che consiste quasi o esclusivamente di un determinato alimento. Esistono diverse varianti della dieta delle patate. Ciò che li accomuna tutti è il consumo principale di patate, spesso in combinazione con uova o ricotta. Con alcune varianti della dieta, sono consentite anche verdure a basso contenuto di grassi, insalata o alcuni frutti. Oltre all'elevato consumo di patate, la preparazione di piatti a basso contenuto di grassi è la caratteristica più importante della dieta delle patate.

Ecco come funziona la dieta delle patate

Un chilo di patate magre e - a seconda della variante - 100 grammi di ricotta o tre uova si trovano ogni giorno nel piatto con la dieta delle patate. La combinazione di patate con ricotta o uova conferisce un alto valore biologico. Ciò significa che il corpo può assorbire e utilizzare particolarmente bene le proteine che contiene. Questo a sua volta garantisce una sazietà duratura. Allo stesso tempo, il potassio contenuto nella patata rimuove più acqua dal corpo.

Quindi perdi rapidamente i primi chili - un punto guadagnato per la patata.

Dieta della patata: perché la patata fa bene

Le patate sembrano poco appariscenti, ma il tubero contiene molti ingredienti salutari: è ricco di vitamine C e B, contiene acido folico, rame, fosfato e zolfo. A causa dell'alto contenuto di potassio, le patate hanno un effetto disidratante.

I carboidrati a catena lunga nelle patate vengono lentamente scomposti durante il processo di digestione. Pertanto, i tuberi ti mantengono sazio a lungo e prevengono le voglie. Inoltre, le patate non contengono praticamente grassi, ma contengono proteine di alta qualità, che possono essere convertite con relativa facilità nelle proteine proprie dell'organismo.

I modi migliori (perché contengono il minor numero di calorie) per preparare le patate come alimento salutare sono le patate al forno, le patate in camicia e le patate che si sono raffreddate di nuovo. Condimenti con ricotta a basso contenuto di grassi o panna leggera, nonché erbe fresche dell'orto o piccole verdure crude tritate come cetrioli, sedano o carote forniscono varietà e forniscono vitamine e minerali extra.

Se non volete rinunciare alle varianti croccanti, cospargete gli spicchi di patate precotti con qualche goccia di olio d'oliva e poi tostateli in forno fino a doratura. Le patatine fritte e le patate saltate sono state rimosse senza sostituzione, così come gli gnocchi di patate o le patate gratinate al formaggio. Il purè di patate è consentito solo durante una dieta se mescolato con brodo vegetale al posto di burro e latte e se contiene poco o nessun sale.

1. Insalata di patate con aringhe e mele

ingredienti

- 700 g di patate a pasta filata
- sale
- 2 cucchiai di mele boskop
- 2 cucchiai di succo di limone
- Vasetto da 150 g di sottaceti alla senape
- 1 mazzetto di erba cipollina
- 400 g di filetto di aringa marinata in olio
- 5 cucchiai di maionese
- 2 cucchiai di yogurt bianco
- 2 cucchiai di panna acida
- pepe macinato fresco
- zucchero

Fasi di preparazione

1. Lavare le patate e cuocerle in acqua bollente salata per circa 25 minuti. Scolare, far evaporare e sbucciare. Lascia raffreddare completamente.
2. Lavate le mele, tagliatele in quarti, privatele del torsolo, tagliatele a pezzetti e mescolatele con 1 cucchiaio di succo di limone. Scolare bene i sottaceti alla senape e tagliarli a pezzetti.
3. Lavate l'erba cipollina, strizzatela e tagliatela a rondelle. Scolare bene i filetti di pesce e tagliare anche loro a pezzetti.
4. Mescolare la maionese con lo yogurt, la panna acida e il succo di limone rimasto e condire con S&P e un pizzico di zucchero. Tagliare le patate a bocconcini e condirle con il pesce, le mele, il cetriolo e il condimento. Disponete nei piatti e servite cospargendo di erba cipollina.

2. Wurstel su insalata di patate

ingredienti

- 1 kg di patate a pasta filata
- 1 cipolla grande
- $\frac{1}{2}$ tasto di ravanelli
- 2 cucchiai di involtini di erba cipollina
- 4 cucchiai di aceto di vino bianco
- 6 cucchiai di zuppa di carne
- 1 cucchiaino di senape
- sale
- pepe macinato fresco
- 6 cucchiai di olio di semi di girasole
- 4 paia di salsicce affumicate
- rotolo di erba cipollina per guarnire

Fasi di preparazione

1. Lavare le patate, cuocerle con la buccia per ca. 30 minuti, sbucciatele, fatele raffreddare un po' e tagliatele a fette. Sbucciare le cipolle e tagliarle a pezzi fini. Pulite e lavate i ravanelli e tagliateli a bastoncini larghi 3 mm.

2. Per il condimento, mescolare l'aceto con il brodo. Mescolare la senape, sale e pepe. Mescolare l'olio. Mescolare delicatamente le cipolle, i ravanelli e le fette di patate con la salsa e lasciare in infusione l'insalata per circa 15 minuti, guarnendo con l'erba cipollina.

3. Riscaldare le salsicce in acqua calda (non bollire) e servire.

3. Insalata di patate colorata

ingredienti

- 600 g di patate a pasta filata
- 2 cipolle rosse
- 3 cucchiai di aceto di mele
- sale iodato con fluoro
- Pepe
- $\frac{1}{2}$ cucchiaino di maggiorana secca
- 150 ml di brodo vegetale
- 1 cucchiaio di senape
- 1 cucchiaio di sciroppo di mele
- 2 cucchiai di olio d'oliva
- 1 cetriolo
- 2 carote
- 1 mela rossa
- 10 g di prezzemolo (0,5 mazzetti)

Fasi di preparazione

1. Cuocere le patate in acqua bollente per 20-30 minuti. Quindi scolatele, ammollatele, sbucciatele calde e lasciate raffreddare. Mentre le patate cuociono, sbucciate e tritate finemente le cipolle. Portare a bollore i cubetti di cipolla con l'aceto, il sale, il pepe, la maggiorana e il brodo. Mescolare la senape, lo sciroppo e l'olio.

2. Tagliare le patate a fette. Versare il condimento sulle patate e lasciare in infusione per 30 minuti, mescolando delicatamente più spesso.

3. Nel frattempo pulite e lavate il cetriolo, tagliatelo a metà per il lungo, raschiate i semi con un cucchiaino e tagliate il cetriolo a fettine sottili. Pulite, lavate, mondate e grattugiate grossolanamente le carote. Pulite, lavate, tagliate a metà e private dei semi la mela e tagliatela a pezzetti.

4. Mescolare il cetriolo, le carote e la mela con le patate, condire con sale e pepe e lasciare riposare l'insalata per altri 10 minuti.

5. Lavare il prezzemolo, strizzarlo, strappare le foglie, tritarlo finemente e unirlo all'insalata di patate.

4. Insalata di pollo e patate

ingredienti

- 20 g di uvetta
- 350 g di filetto di pollo (2 filetti di pollo)
- sale
- Pepe
- 1 cucchiaio di olio d'oliva
- 25 g di pinoli
- 30 g di olive nere marinate secche, senza nocciolo
- 250 g di patate a pasta filata
- 3 cucchiai di pesto leggero
- 3 gambi di basilico
- 75 g di formaggio di pecora dolce

Fasi di preparazione

1. Mettere a bagno l'uvetta in una ciotolina coperta con acqua tiepida per 10 minuti.
2. Lavate i petti di pollo, asciugateli e conditeli con sale e pepe.
3. Scaldate l'olio in una padella e fate rosolare la carne 3 minuti per lato. Aggiungere acqua fino a coprire il fondo della pentola e cuocere la carne coperta per altri 4 minuti a fuoco medio. Se necessario aggiungete un po' d'acqua.
4. Lasciare raffreddare il pollo e tagliare la carne a cubetti di 1 cm.
5. Tostare leggermente i pinoli in una padella senza grassi. Tritare grossolanamente le olive.
6. Strizzate l'uvetta, tritatela grossolanamente e unitela agli ingredienti preparati in una ciotola.
7. Lavare, sbucciare e tagliare le patate a cubetti di 1,5 cm, aggiungerle ad acqua bollente salata e cuocere per 9 minuti.
8. Rimuovere 2 cucchiai di acqua di patate e mescolare con il pesto.
9. Scolate le patate, scolatele bene e mescolatele agli altri ingredienti con il pesto, sale e pepe e lasciate in infusione per 10 minuti.

10. Lavate il basilico, scuotetelo, strappate le foglie e tritatelo grossolanamente. Sbriciolate il formaggio di pecora. Cospargere entrambi sull'insalata appena prima di servire.

5. Insalata di patate bavarese

ingredienti

- 1 kg di patate a pasta filata
- 1 cipolla
- 50 g di cetriolo sottaceto (1 cetriolo sottaceto)
- 300 ml di brodo (preferibilmente brodo di carne)
- 4 cucchiai di aceto di vino bianco
- 2 cucchiaini di senape piccante media
- sale
- Pepe
- 4 cucchiai di olio di colza
- 8 Salsiccia di tacchino da 70 g (5% di grassi)
- 1 mazzetto di erba cipollina

- 80 g di valeriana

Fasi di preparazione

1. Lavate le patate e fatele cuocere con la buccia in acqua bollente per 20-30 minuti, a seconda della loro grandezza, non troppo morbide.

2. Nel frattempo mondate e affettate la cipolla. Asciugare il sottaceto e tagliare a cubetti anche quello.

3. Scolate le patate, sciacquatele bene con acqua fredda e lasciate raffreddare per circa 5 minuti. Quindi sbucciatele, tagliatele a fettine sottili e mettetele in una ciotola capiente.

4. Portare a ebollizione il brodo e i cubetti di cipolla in una piccola casseruola. Rimuovere la stufa. Sbattere 3 cucchiai di aceto, senape, sale, pepe e olio con una frusta.

5. Versare il composto sulle patate ancora calde. Aggiungere il cetriolo sottaceto, mescolare bene il tutto e lasciare in infusione per almeno 30 minuti.

6. Poco prima di servire, scaldare l'acqua in una pentola capiente, ma non farla bollire. Fate scaldare le salsicce per circa 10 minuti a fuoco basso.

7. Nel frattempo lavate l'erba cipollina, scuotetela per farla asciugare e tagliatela a

rondelle. Pulite e lavate la valeriana, strizzatela e, se lo desiderate, spezzettatela un po' più piccola.

8. Mescolare la valeriana e l'erba cipollina nell'insalata di patate. Condite ancora con sale, pepe e l'aceto rimasto. Togliete le salsicce dalla pentola e servitele con l'insalata di patate.

6. Insalata di patate e uova

ingredienti

- 700 g di patate a pasta filata
- sale
- 4 uova
- sedano 2 poli pole
- 1 cipolla
- 2 cucchiai di mele boskop
- 2 cucchiai di succo di limone
- 300 g di yogurt bianco
- 200 g di maionese
- 1 cucchiaio di senape di Digione
- pepe macinato fresco

Fasi di preparazione

1. Lessate le patate in acqua bollente salata per circa 25 minuti. Scolare, evaporare e sbucciare ancora caldo. Lessare le uova in

acqua per 10 minuti, scolarle, sciacquarle in acqua fredda e sgusciarle.

2. Lavate e mondate il sedano, tagliatelo a metà nel senso della lunghezza e tagliatelo a fettine sottili. Sbucciare la cipolla e tritarla finemente. Lavate le mele, tagliatele a spicchi, privatele del torsolo e tagliatele a bocconcini. Mescolare subito con il succo di limone.

3. Mescolare lo yogurt con la maionese e la senape e condire con sale e pepe. Tagliare le patate a cubetti grandi, tritare le uova e mescolarle con le patate, il sedano, le mele, le cipolle e la crema di insalata, condire ancora a piacere e servire in un piatto.

7. Insalata di patate e prosciutto

ingredienti

- 1 kg di patate a pasta filata
- 4 cucchiai di olive
- sale marino
- pepe macinato fresco
- 2 cucchiai di succo di limone
- 150 g di feta
- 100 g di prosciutto di parma affettato sottilmente

per il gruppo
- 2 rametti di timo
- 2 limoni non trattati

Fasi di preparazione

1. Preriscaldare il forno a 200°C di aria soffiata. Lavate bene le patate, tagliatele a metà o in

quarti e adagiatele su una teglia foderata con carta da forno.

2. Condire con olio, sale e pepe, mescolare e cuocere per circa 30 minuti fino a doratura. Di tanto in tanto per girare. Sfornare e lasciar raffreddare tiepidi.

3. Irrorare con succo di limone e condire con sale e pepe. Mescolare liberamente con la feta sbriciolata e il prosciutto e guarnire con timo e metà di limone (in bicchieri se lo si desidera).

8. Insalata di patate e ravanelli

ingredienti
- 800 g di patate a pasta filata
- 1 cipolla rossa
- 1 manciata di rucola

- 1 mazzetto di ravanelli
- $\frac{1}{2}$ tasto di erbe aromatiche (aneto, prezzemolo o erba cipollina)
- 200 ml di brodo vegetale
- 3 cucchiai di aceto di mele
- 3 cucchiai di olio d'oliva
- sale
- Pepe

Fasi di preparazione
1. Cuocere le patate in acqua bollente per 20-30 minuti. Quindi scolatele, ammollatele, sbucciatele calde e lasciate raffreddare.
2. Nel frattempo mondate la cipolla rossa e tritatela finemente. Lavate la rucola e scuotetela per asciugarla. Pulite e lavate i ravanelli e tagliateli a fettine sottili. Lavare le erbe aromatiche, scuoterle e tritarle. Portare a bollore il brodo vegetale.
3. Tagliare le patate a fette. In una ciotola capiente, unire il brodo vegetale caldo, le cipolle, l'aceto, l'olio d'oliva, il sale e il pepe. Quindi lasciate in infusione per almeno 30 minuti.
4. Mescolare i ravanelli preparati, la rucola e le erbe aromatiche nell'insalata di patate prima di servire e condire con S&P.

9. Insalata di patate verdi

ingredienti

- 300 g di patate a pasta filata (3 patate a pasta filata)
- sale
- 1 cipolla rossa
- 2 cucchiai di aceto di mele
- 150 ml brodo vegetale classico
- 2 cucchiai di olio di colza
- Pepe
- 80 g di valeriana
- 1 mazzetto di erba cipollina
- 1 mela
- 70 g di prosciutto di salmone

Fasi di preparazione

1. Lavare le patate e cuocerle in acqua bollente per 20-25 minuti. Quindi scolateli,

sciacquateli con acqua fredda, sbucciateli e lasciate raffreddare.

2. Tagliare a fette le patate raffreddate, aggiustare di sale e metterle in una ciotola. Sbucciare la cipolla e tritarla finemente.

3. Portate a bollore in un pentolino i cubetti di cipolla con l'aceto e il brodo, versate il bollore sulle patate.

4. Aggiungere l'olio e amalgamare il tutto. Lasciare in infusione per 30 minuti, mescolando più spesso.

5. Nel frattempo pulite la valeriana, lasciando intatte le radici in modo che le foglie restino unite. Lavate la lattuga e strizzatela accuratamente. Lavare l'erba cipollina, scuoterla per asciugarla e tagliarla a rotolini sottili.

6. Lavare, tagliare in quarti e seminare la mela e tagliarla in quarti sottili.

7. Tagliare il prosciutto di salmone a striscioline sottili.

8. Condire l'insalata di patate con S&P. Aggiungere la valeriana, gli involtini di erba cipollina, le strisce di prosciutto e le fette di mela all'insalata e mescolare.

10. Insalata di patate con cetriolo

ingredienti

- 800 g di patate a pasta filata
- sale
- $\frac{1}{2}$ cetriolo
- 2 cipolle piccole
- 125 ml di brodo di carne
- 1 cucchiaino di senape piccante
- 4 cucchiai di aceto di vino bianco
- pepe macinato fresco
- 1 mazzetto di erba cipollina
- 5 cucchiai di olio d'oliva

Fasi di preparazione

1. Lavare le patate e cuocerle in acqua bollente salata per circa 25 minuti.
2. Nel frattempo lavate il cetriolo, tagliatelo a metà nel senso della lunghezza, tagliatelo a

fettine sottili e cospargetelo di sale. Lasciare in infusione per circa 20 minuti e strizzarlo.

3. Sbucciate le cipolle, tagliatele a cubetti sottili e portate a bollore con il brodo in una casseruola. Mescolare la senape e l'aceto, condire con sale e pepe e togliere dal fuoco.

4. Scolate le patate, fate evaporare, sbucciate e lasciate raffreddare. Tagliatele poi a fette, bagnatele con il brodo caldo, mescolate bene e lasciate riposare per circa 20 minuti.

5. Sciacquare l'erba cipollina, scuoterla per farla asciugare e tagliarla a rondelle sottili. Condire con il cetriolo e l'olio nell'insalata, condire di nuovo a piacere e servire su un piatto.

11. Padella di patate fritte e asparagi

ingredienti

- 800 g di patate piccole, per lo più cerose
- sale iodato con fluoro
- 400 g di asparagi verdi
- 4 scalogni
- 15 g di burro chiarificato (1 cucchiaio)
- 3 rametti di prezzemolo
- Pepe

Fasi di preparazione

1. Lavare le patate e cuocerle in acqua salata per 15 minuti.

2. Nel frattempo lavate gli asparagi, mondate il terzo inferiore, eliminate le estremità legnose. Lessate gli asparagi in acqua bollente salata per circa 8 minuti. Scolare, scolare, quindi tagliare in diagonale a pezzi.
3. Scolare le patate, farle evaporare e tagliarle a metà per il lungo.
4. Sbucciare gli scalogni e tagliarli in quarti.
5. Scaldare il burro chiarificato in una padella alta. Rosolare le patate a fuoco medio, rigirandole regolarmente fino a doratura per 10 minuti.
6. Nel frattempo lavate il prezzemolo, scuotetelo e tritatelo.
7. Mescolare lo scalogno con le patate e cuocere per 4 minuti. Unire gli asparagi e friggere per 2 minuti, girandoli più spesso.
8. Condire la padella di patate e asparagi saltati con S&P e prezzemolo.

12. Padella di pesce e patate con pancetta

ingredienti

- 500 g di patate a pasta filata
- sale
- 500 g di filetto di pesce bianco zb cod
- 1 cipolla
- 120 g di pancetta di maiale affumicata a cubetti
- 20 g di burro al pepe macinato fresco
- 2 cucchiai di prezzemolo fresco tritato

Fasi di preparazione

1. Lavare le patate e cuocerle in acqua bollente salata per circa 20 minuti. Scolare, sciacquare con acqua fredda, sbucciare e lasciar raffreddare. Lavate il pesce, asciugatelo e tagliatelo a bocconcini.

2. Sbucciare la cipolla e tagliarla a cubetti sottili. Lasciare la pancetta in una padella, aggiungere un po' di burro e far appassire la cipolla fino a renderla traslucida. Tagliare le patate a fette, aggiungerle e friggerle fino a doratura, girandole di tanto in tanto. Aggiungere i pezzi di pesce e friggerli fino a doratura, rigirandoli con cura. Aggiustate di sale e pepe e servite cospargendo di prezzemolo fresco tritato.

13. Patate saltate all'aglio

ingredienti

- 1 kg di patate a pasta filata
- 150 ml di brodo vegetale
- sale
- pepe macinato fresco
- 2 rametti di rosmarino
- 6 spicchi d'aglio
- 4 cucchiai di olio d'oliva

Fasi di preparazione

1. Preriscaldare il forno a 180°C forno ventilato.
2. Sbucciare le patate e tagliarle a metà o in quarti a seconda della grandezza. Mettere in una teglia e versare il brodo. Aggiustate di sale e pepe e infornate per circa 20 minuti. Di

tanto in tanto per girare. Le patate dovrebbero essere quasi cotte e il liquido dovrebbe essere assorbito. Cospargete con il rosmarino sbucciato e gli spicchi d'aglio schiacciati sopra e rimettete l'olio d'oliva con un filo d'olio in forno a 220°C e fate rosolare per 15-20 minuti. Durante questo periodo, vai avanti e indietro di tanto in tanto.

14. Tortilla di zucchine con patate

ingredienti

- 175 g di patate (2 patate)
- 250 g di zucchine (1 zucchina)
- 1 spicchio d'aglio
- 2 cipolle
- 45 g di prosciutto serrano (3 fette)
- 2 cucchiai di olio d'oliva
- sale
- Pepe
- 4 uova

Fasi di preparazione

1. Lavate le patate, fatele cuocere con la buccia per circa 15-20 minuti, quindi sbucciatele e tagliatele a cubetti di 1 cm. Mentre le patate cuociono, lavate e mondate le zucchine e

tagliatele a cubetti di 1 cm. Sbucciare e tritare finemente l'aglio e le cipolle.

2. Tagliare il prosciutto a listarelle sottili.

3. Scaldare l'olio in una padella antiaderente e soffriggere le cipolle e l'aglio a fuoco medio per 1 minuto fino a quando non diventano traslucidi. Aggiungere i cubetti di patate e zucchine e saltare per 4 minuti fino a doratura, condire con sale e pepe.

4. Sbattere le uova in una ciotola e condire leggermente con sale e pepe. Versate nella padella, cospargete con le striscioline di prosciutto e lasciate riposare 3 minuti a fuoco medio, mescolando delicatamente.

5. Girare la tortilla: è meglio capovolgerla su un piatto e rimetterla in padella. Lasciar riposare altri 4 minuti. Servite la tortilla tagliata a pezzi.

15. Padella di patate verdi

ingredienti

- 500 g di patate novelle
- 1 peperone verde
- 3 spicchi d'aglio fresco
- 1 mazzetto di cipollotti
- 75 g olive verdi (con nocciolo)
- 3 gambi di basilico
- 2 cucchiai di olio d'oliva
- sale
- Pepe
- 50 g di formaggio di pecora
- 1 cucchiaino di semi di sesamo non pelati

Fasi di preparazione

1. Strofinare le patate e cuocerle in acqua bollente per 20-25 minuti, scolarle e lasciarle raffreddare. Mentre le patate cuociono, in quarti, semi e lavate il peperone e mettetelo su una teglia con la pelle rivolta verso l'alto.
2. Arrostire sotto il grill caldo fino a quando la pelle non si scurisce e bolle, versare in una ciotola, coprire con un piatto e lasciare riposare 10 minuti.
3. Eliminate la pelle e tagliate il baccello a striscioline sottili.
4. Sbucciare l'aglio e tagliarlo a fettine sottili.
5. Mondate e lavate i cipollotti e tagliateli a fettine sottili e leggermente inclinate.
6. Tagliate le olive a rondelle dal torsolo e poi a bastoncini sottili.
7. Lavate il basilico, strizzatelo, strappate le foglie e tritatelo finemente.
8. Tagliare a metà le patate.
9. Scaldare l'olio in una padella e friggere le patate sulla superficie tagliata fino a doratura.
10. Aggiungere l'aglio e la paprika e saltare per altri 2 minuti. Condire con sale e pepe.
11. Aggiungere i cipollotti, le olive e il basilico e scaldare brevemente.

12. Sbriciolate il formaggio. Cospargere i semi di sesamo sulle patate appena prima di servire. Servire il piatto di patate.

16. Spezzatino di agnello e patate

ingredienti

- 500 g di agnello (spalla o cosciotto)
- 500 g di patate
- 300 g di pomodori
- 4 cucchiai di olio d'oliva
- 2 cucchiai di prezzemolo (tritato)
- 1 rametto di rosmarino (tritato grossolanamente)
- 1 cucchiaino di origano
- 1 cipolla
- 1 spicchio d'aglio
- Sale marino (dal mulino)

- Pepe (dal mulino)
- 50 g di pecorino (grattugiato fresco)

preparazione

1. Dividere l'agnello in pezzi di media grandezza. Tagliate le patate a cubetti grandi, la cipolla ad anelli e lo spicchio d'aglio a listarelle sottili. Mettere l'agnello con le patate in una teglia.

2. Lessare brevemente i pomodori, pelarli e tagliarli a pezzetti. Condire con olio d'oliva, prezzemolo tritato, rosmarino, origano, cipolle e aglio. Condire con sale e pepe e mescolare con la carne. Spolverare con pecorino appena grattugiato e coprire la teglia con un foglio di alluminio. Cuocere in forno preriscaldato a 170°C per circa 2 ore.

17. Casseruola di patate con pancetta al vapore

ingredienti

- 100 g di pancetta per la colazione
- 1 pezzo di cipolla
- 2 spicchi d'aglio
- 500 g di patate
- 1 pc. Paprica (rosso)
- 1 pc. Paprica (verde)
- 1 rametto di rosmarino
- 6 pz Uova
- sale
- Pepe
- Burro (per ungere)

preparazione

1. Per la casseruola di patate, tagliare a listarelle la pancetta. Mondate la cipolla, tagliatela a metà e tagliatela anche a listarelle. Sbucciare l'aglio e tagliarlo a fettine sottili. Rosolare la pancetta in una padella antiaderente con le cipolle fino a renderla croccante e alla fine aggiungere brevemente l'aglio. Metti da parte la padella.

2. Sbucciare le patate, tagliarle a fette spesse $\frac{1}{2}$ cm, metterle nel recipiente di cottura unto e non forato con le cipolle della pancetta compreso il grasso di frittura e precuocere (a 100°C per 5 minuti).

3. Nel frattempo pulite e private dei semi i peperoni e tagliateli a listarelle sottili.

4. Togliete gli aghi di rosmarino e tritateli finemente, sbatteteli con le uova, sale e pepe e uniteli al composto di patate con le striscioline di paprika. Chiudere il recipiente di cottura con un coperchio o un foglio di alluminio. Lasciar riposare la casseruola (a 100°C per 25 minuti).

5. Servire la casseruola con patate tagliate a pezzi calde o fredde.

18. zuppa di crema di zucca

ingredienti

- 600 g di zucca
- 2 patate
- 1 spicchio d'aglio (s) (schiacciato)
- 1/2 cipolla
- 1 litro d'acqua
- Cubetti di zuppa
- sale
- Pepe
- Zenzero
- 125 ml di panna montata
- 1 cucchiaio di panna acida
- Semi di zucca (e olio di semi di zucca per guarnire)

preparazione

1. Sbucciare la zucca, togliere il torsolo e tagliare a cubetti la polpa della zucca.
2. Sbucciate la patata e tagliatela anche a cubetti. Sbucciare e tritare finemente la cipolla. Aggiungere l'aglio schiacciato.
3. Mettere tutto in un contenitore robusto e riempire con 1 litro d'acqua.
4. Condire con condimento, sale, pepe, zenzero o zenzero in polvere e cuocere.
5. Impostazione della temperatura: 120 ° C Tempo di cottura: 10 minuti
6. Trascorso il tempo di cottura, frullare la zuppa, condire ancora se necessario, aggiungere la panna montata e la crème fraîche.
7. Per decorare aggiungete alla zuppa qualche seme di zucca e qualche goccia di olio di semi di zucca.

19. Lonza di maiale alle erbe di zucca

ingredienti

- 300 g di cavolo cappuccio (tagliato a cubetti)
- 100 g di zucca (a dadini)
- timo
- 1/2 l zuppa di manzo
- 1 pz patate (crude)
- Rafano
- sale
- 1 goccio di aceto
- 1 cucchiaio di panna acida
- 1 pc. Filetto di maiale
- sale
- mostarda

preparazione

1. Cuocere il cavolo e la zucca al vapore per ca. 5 - 10 minuti a 100°C. Per la salsa, tagliare le patate a pezzetti, cuocerle nella zuppa di manzo finché sono tenere e mescolare bene con il rafano e la panna acida. Condire con sale e aceto. Condire il filetto di maiale con sale e senape e friggere da entrambi i lati. Infornare a 160° per circa 15 minuti. Lasciar riposare per almeno 10 minuti prima di affettare. Disporre il cavolo e la zucca nei piatti, adagiare sopra i pezzi di filetto, cospargere di erbe aromatiche e servire con una salsa alla cheratina.

20. Zuppa di patate con erbe fresche dal vapore

ingredienti

- 180 g di porri
- 250 g di patate (infarinate)
- 500 ml di brodo vegetale
- sale
- Pepe
- 100 g di panna
- 2 cucchiai di erbe aromatiche (prezzemolo, erba cipollina, basilico)

preparazione

1. Per prima cosa pulite il porro e tagliatelo a fettine. Sbucciare e tagliare grossolanamente le patate.
2. Mettere entrambi con il passato di verdura in un robusto recipiente di cottura e cuocere (a

100°C per 16 minuti oppure a 120°C per 8 minuti).

3. Mescolare la zuppa e condire con sale e pepe. Incorporare la panna e scaldare (a 95°C per 2 minuti).

4. Tritare le erbe aromatiche, versare sulla zuppa di patate e servire.

21. Zuppa di patate alle erbe

ingredienti

- 1 mazzetto di erbe aromatiche (grande)
- 5-6 pezzi. Patate
- 30 g di burro
- 1 cipolla (sbucciata)
- 1 l di zuppa di pollo (o zuppa di verdure)
- sale
- Pepe
- 6 cucchiai di erba cipollina (tagliata)
- Doppia panna (o crème fraîche)

preparazione

1. Per la zuppa di patate alle erbe, tagliare le patate e le cipolle a pezzetti e metterle in un recipiente robusto. Versare il passato di

verdure e cuocere la zuppa a 100°C per circa 20 minuti.

2. Tagliare le erbe aromatiche a pezzetti, aggiungerle e cuocere per altri 5 minuti a 100°C.

3. Mescolare la zuppa con la crème fraîche, condire di nuovo e ridurre con il frullatore ad una purea spumosa.

4. Per servire, guarnire la zuppa di erbe e patate con erba cipollina.

22. Polpette

ingredienti

Per l'impasto:

- 500 g di patate
- 10 g di burro
- 30 g di semola di grano duro
- 120 g di farina (pratica)
- 1 pezzo di uovo
- sale
- Noce moscata

Per pienezza:

- 1 cucchiaio di olio di semi di girasole
- 100 g di cipolle
- 200 g di carne macinata (mista)
- 1 cucchiaio di QimiQ
- sale

- Senape, pepe
- maggiorana, aglio

preparazione

1. Preparare la pasta di patate: sbucciare, tagliare in quarti e cuocere a vapore le patate. Stendete le patate su una spianatoia infarinata, cospargetele di burro a scaglie e impastate brevemente con gli altri ingredienti fino a formare un impasto.
2. Preparare la guarnizione: tritare finemente le cipolle, arrostirle nell'olio, aggiungere la carne macinata, far rosolare brevemente, far addensare con QimiQ e condire.
3. Consegna l'acqua.
4. Formate un rotolo di pasta, tagliatelo a fette, stendeteci sopra il ripieno, formate le polpette e chiudete bene.
5. Mettere a bagno le polpette in acqua salata per circa 10-15 minuti.
6. Tirate fuori le polpette con un cucchiaio setacciato e servite.

23. Polpette di patate al vapore

ingredienti

- 1kg di patate
- 1-2 uova
- sale
- Noce moscata
- 50 g di farina
- 50 g di fecola di patate
- Burro (per ungere)

preparazione

1. Per gli gnocchi di patate, lavare le patate e infornare in una teglia forata (a 100°C per 28-34 minuti).
2. Pelare le patate ancora calde e passarle direttamente nello schiacciapatate.

3. Aggiungere le uova alla pasta di patate e condire con sale e noce moscata. Incorporare la farina e la fecola di patate.
4. Formate un panetto e dividetelo in 12-14 pezzi. Formate delle palline e infornate nella teglia unta e forata (a 100°C per 15-18 minuti).

24. Insalata di patate con olio di semi di zucca

ingredienti

- 600 g di patate (Sieglinde o Kipfler, cotte e pelate)
- 60 g di cipolle (tritate finemente)
- 1/4 l zuppa (grassa)
- 3 cucchiai di aceto di mele
- 6 cucchiai di olio di semi di zucca
- sale
- Pepe nero)
- Un po' di senape al dragoncello (a piacere)

preparazione

1. Per l'insalata di patate, pelare le patate cotte nell'olio di semi di zucca ancora calde e tagliarle a fettine sottili.

2. Versate subito la zuppa calda, aggiungete l'olio di semi di zucca, le cipolle, l'aceto, sale e pepe.
3. Mescolare energicamente l'insalata di patate con l'olio di semi di zucca fino ad ottenere una crema. Aggiungere senape o zucchero, a piacere.

25. Omogeneizzato: polenta di zucca, patate e agnello

ingredienti

- 60 g zucca (es. Hokkaido, noce moscata)
- 1 pezzo di patata
- 20 g di agnello
- Olio di colza (poche gocce)

preparazione

1. Pappe fatte in casa - primo alimento complementare
2. Per il porridge di zucca, patate e agnello, mondate l'agnello (togliete grasso e tendini).
3. Sbucciare la zucca e la patata e tagliarle a cubetti.

4. Cuocere tutti gli ingredienti in poca acqua a fuoco basso finché non saranno teneri e schiacciarli con il frullatore.
5. Infine, aggiungere qualche goccia di olio di colza al porridge di zucca, patate e agnello.

26. Zuppa di patate

ingredienti

- 500 g di patate
- 3 carote
- Zuppa di verdure da 500 ml
- 250 ml di panna montata
- sale
- Pepe
- foglia d'alloro
- Maggiorana
- Funghi per gli uomini (possono anche essere funghi secchi)
- 1/2 cipolla
- 1 spicchio(i) d'aglio

preparazione

1. Tagliare le patate a pezzetti. Mettere i pezzi di patate con la zuppa, le spezie e i funghi in

una ciotola non forata e cuocere a vapore per circa 30 minuti a 100°C.

2. Nel frattempo lavate le carote e tagliatele a pezzetti.
3. Durante i restanti 7 minuti di cottura delle patate, mettete anche le carote nella vaporiera.
4. Eliminate la foglia di alloro e frullate finemente la zuppa di patate in un frullatore.
5. Se lo si desidera, aggiungere la panna montata e condire di nuovo a piacere.

27. Involtini di patate dolci

ingredienti

- 250 g di patate (infarinate)
- 250 g di farina di frumento (liscia)
- 250 g di farina integrale

- 1 bustina di lievito secco
- 80 g di zucchero
- 1 pezzo di uovo
- 80 g di yogurt (a basso contenuto di grassi)
- 1/8 l di latte scremato (tiepido o acqua)

preparazione

1. Cuocere le patate con la buccia per circa 20 minuti. Sbucciare a caldo e pressare in uno schiacciapatate. Lascia raffreddare leggermente.
2. Mescolare la farina, il lievito, lo zucchero, l'uovo e lo yogurt. Versare un po' di liquido. All'inizio solo circa 100 ml e il resto solo quando necessario. Impastare energicamente l'impasto con il robot da cucina per circa 5 minuti.
3. Se necessario, aggiungete ancora un po' di liquido in modo che l'impasto abbia una consistenza liscia. Coprire e far lievitare l'impasto in un luogo caldo per ca. 45 - 30 minuti.
4. Quindi formare 15 rotoli e adagiarli su una teglia forata, unta (o foderata con carta da forno).

28. Zuppa di mousse all'aglio selvatico

ingredienti

- 200 g di aglio selvatico (tagliato)
- 1-2 patate (infarinate)
- 1 pezzo di cipolla (piccola)
- un po' di porro
- 750 ml zuppa di verdure
- 200 ml di latte scremato (o di soia)
- 1 cucchiaio di panna acida
- sale
- Pepe
- Noce moscata

preparazione

1. Per la zuppa di aglio orsino, pelare le patate e
   tagliarle a cubetti. Tagliate la cipolla e il porro

e aggiungeteli alle patate. Mettere tutti gli ingredienti in una ciotola non forata, aggiungere il passato di verdure e cuocere a vapore a 100°C per 12-15 minuti.

2. Mettere l'aglio orsino (conservare qualche foglia per la decorazione) in una terrina forata e sbollentare per 1 o 2 minuti a 100°C e mescolare con la zuppa due minuti prima della fine della cottura, così come il latte.

3. A fine cottura condire la zuppa con sale, pepe e noce moscata, affinare con la crème fraîche e passare in un frullatore.

4. Guarnire la zuppa di aglio con aglio selvatico tritato finemente.

29. Polpette di carne macinata dal piroscafo

ingredienti

- 500 g di carne macinata
- 2 uova
- 1 cipolla (piccola)
- 2 spicchi d'aglio
- 1 mazzetto di erbe aromatiche (fresche, es. prezzemolo, timo, maggiorana, ecc.)
- 50 g di pangrattato
- sale
- Pepe
- 600 g di patate
- 100 ml di acqua (calda)
- 2 cucchiai di senape di Digione
- Erbe aromatiche (fresche, due manciate)

preparazione

1. Per le polpette di manzo al vapore, mondate la cipolla e l'aglio e tritateli molto finemente. Lavate e tritate finemente le erbe aromatiche.
2. Mescolare la carne macinata con le uova, le cipolle, l'aglio, le erbe aromatiche e il pangrattato, impastare bene e condire con sale e pepe. Formate delle polpette o delle palline tritate.
3. Sbucciare le patate e tagliarle a cubetti. Mescolate la senape con acqua calda, aggiungete le erbe aromatiche e aggiustate di sale.
4. Mettere i cubetti di patate in un contenitore robusto e mescolare con la marinata di senape. Adagiate le polpette tritate sulle patate e cuocete a vapore il tutto a 100° per 25 minuti.
5. Mescolare bene le polpette di carne macinata al vapore prima di servire.

30. Zuppa di asparagi verdi e limone al vapore

ingredienti

- 350 g di asparagi verdi
- 200 g di patate (infarinate)
- 1 1/2 cucchiaio di dadi da minestra
- 1/2 limone (succo e scorza)
- 650 ml di acqua
- 125 ml di panna
- salsa Worcestershire
- sale
- Pepe
- fiori di erba cipollina (per guarnire)

preparazione

1. Per la zuppa di asparagi e limone, lavare gli asparagi, tagliarli a pezzi e mettere da parte le punte.
2. Sbucciare e tagliare le patate.

3. Mettere i pezzi di asparagi, le patate, l'acqua, il condimento per la zuppa, il succo e la scorza di limone in una pentola a vapore non forata e cuocere a vapore a 100°C per 12 minuti. Cuocere le punte degli asparagi in un inserto forato per gli ultimi 3 minuti.

4. Mescolare la zuppa, mantecare con la panna e condire con la salsa Worcesthire, sale e pepe.

5. Mettere le punte di asparagi nella zuppa di asparagi e limone finita e servire con fiori di erba cipollina.

31. Zuppa di patate con salsiccia

ingredienti

- 1 confezione di zuppa verde Tk
- 800 g di patate
- 1 cipolla
- 30 g di burro
- 750 ml zuppa di manzo ((istantanea))
- 125 ml di panna montata
- sale
- Pepe
- Paprika (dolce nobile)
- 4 wurstel
- 1 mazzetto di prezzemolo

preparazione

4. Scongelare le verdure dalla zuppa. Sbucciare e sciacquare le patate, tagliarle a cubetti.

Sbucciare e tritare la cipolla, farla rosolare nel burro fino a renderla traslucida. Aggiungere le patate e far rosolare brevemente. Versare la zuppa chiara, cuocere tutto insieme per 12-15 minuti.

5. Togliere 1/3 delle patate, macinare il resto in padella. Rimettere nella pentola i pezzi di patate rimanenti con le verdure scongelate e la panna montata. Zuppa 6-8 min.

6. Condire con peperoni, sale e pepe. Saltare i wurstel in acqua calda, scolarli e scolarli. Tagliare a fettine piccole. Sotto forma di zuppa di patate. Sciacquare il prezzemolo, scuoterlo per farlo asciugare, tritarlo finemente e cospargerlo prima di servire.

32. zuppa di crema di zucca

ingredienti

- 1 zucca (Hokaido)
- 2 cipolle
- 2 spicchi d'aglio
- 5 patate
- 1 l di passato di verdure
- 250 ml di panna acida (o 200 ml di panna montata)
- Olio di semi di zucca
- sale

preparazione

5. Per la crema di zucca, tritare finemente la cipolla e l'aglio. Tagliare la zucca e la patata a pezzetti.

6. Scaldare l'olio in una pentola capiente e far appassire leggermente i pezzi di cipolla e l'aglio. Versare sopra la zuppa e portare a bollore. Aggiungere la zucca e i pezzi di patate e cuocere a fuoco lento per 20 minuti.

7. Passare la zuppa dopo 20 minuti. Incorporate bene la panna acida o la panna montata e aggiustate di sale.

8. Mettere in un piatto fondo e decorare la crema di zucca con olio di semi di zucca.

33. Zuppa di patate con spiedini di tofu

ingredienti

- 750 g di patate
- 3 pezzi. Cipolle
- 2 cucchiai di olio d'oliva
- 1 l di passato di verdure
- 2 zucchine (piccole)
- 200 g di tofu
- 1 cucchiaio di semi di sesamo
- sale
- 250 ml di soia (panna da cucina)
- 1 cucchiaio di senape
- Maggiorana
- Pepe

preparazione

6. Per la zuppa di patate allo spiedo di tofu, pelare e tritare le patate e le cipolle. Scaldate 1 cucchiaio di olio in una casseruola e fate rosolare brevemente la cipolla.
7. Aggiungere le patate, sfumare con la zuppa. Portare a bollore e cuocere per 15 minuti. Tagliare a fette le zucchine e il tofu e infilarli alternativamente su spiedini di legno.
8. Friggere gli spiedini in olio bollente fino a doratura girandoli. Cospargere con semi di sesamo e condire con sale e pepe.
9. Frullare la zuppa, mescolare la panna da cucina e la senape e aggiungere alla zuppa, riportare a bollore. Condire con sale e pepe.
10. Serve zuppa di patate con spiedini di tofu.

34. Zuppa di patate alcalina

ingredienti

- 500 ml di acqua
- 1 cubetto di zuppa di verdure
- 1 pizzico di acerola in polvere
- 8 patate (medie)
- 100 g di carote (grattugiate finemente)
- 1 porro (porro, bastone)
- 1 kg di cipolla (tritata finemente)
- 2 cucchiai di panna
- 1 cucchiaio di aneto (fresco, tritato finemente)
- 1 cucchiaio di burro
- sale marino
- 1 pizzico di pepe
- 1 pizzico di paprika macinata

preparazione

6. Per la zuppa di patate alcalina, soffriggere la cipolla nel burro fino a renderla traslucida. Versaci sopra dell'acqua.

7. Aggiungere le patate e le verdure tritate finemente e portare a bollore.

8. Fate sobbollire a fuoco basso per 15 minuti poi riducete ad una purea. Raffinare con la panna e condire con le spezie.

9. Cospargere la parte superiore con aneto tritato finemente.

10. Aggiungere la polvere di acerola poco prima di servire nella zuppa di patate base.

35. Zuppa di patate e cavoli

ingredienti

- 500 g di patate
- 3 cipolle
- 750 g di cavolo cappuccio bianco (a fette)
- 1 litro di zuppa
- 500 g di pancetta (magra)
- 3 cucchiai di semi di cumino
- 1 cucchiaio di farina
- 1 cucchiaio di burro
- 3 cucchiai di panna acida
- 1 cucchiaio di sale
- Pepe

preparazione

3. Per la zuppa di patate e cavolo, soffriggere nella zuppa il cavolo bianco sminuzzato, le patate sbucciate e la pancetta magra a cubetti finché sono teneri. Condire a piacere con sale, semi di cumino e pepe.

4. Prima di servire, rosolare in poco burro le cipolle tritate finemente, cospargerle di farina, mescolarle con un po' di panna acida e unire alla zuppa di cavoli e patate.

36. Insalata cremosa di patate e mele

ingredienti

- 500 g di patate (cotte e pelate)
- 2 mele
- 2 carote
- 2 rametto/i di cipollotti (grandi)
- 1 mazzetto di menta (piccolo)
- 2 cucchiai di uvetta
- 2 cucchiai di bastoncini di mandorle
- 1 arancia
- 250 g di yogurt (normale)
- 1 cucchiaio di curry in polvere
- 2 spicchi d'aglio (sbucciati)
- sale

- Pepe
- olio d'oliva

preparazione

1. Tagliare a fettine sottili le patate cotte e sbucciate. Tagliate le mele in quarti e semi e tagliatele anche a fettine molto sottili. Mettere le mele e le patate in una ciotola capiente e condire con un po' di sale.
2. Pelare le carote e grattugiarle finemente. Pulite i cipollotti e tagliateli in diagonale ad anelli molto sottili. Aggiungere le carote e i cipollotti nella ciotola.
3. Tagliate la menta a striscioline sottili e unitela alle patate insieme all'uvetta e alle mandorle a bastoncino.
4. Sbucciare l'arancia con un coltello, tagliare i filetti e raccogliere il succo. Mescolare con lo yogurt, il curry in polvere, l'aglio tritato finemente, il sale, il pepe e un po' di olio d'oliva in una marinata e versare sull'insalata.
5. Mescolate bene il tutto e lasciate in infusione per circa 10 minuti.
6. Condire l'insalata con sale e servire condita con filetti di arancia.

37. Zuppa di mele e sedano con chips di sedano

ingredienti

Per la zuppa:

- 500 g di sedano
- 1 mela
- 1 patata
- 100 ml di succo di mela
- 100 ml di panna montata
- 500 ml di passato di verdure (o acqua)
- 1 cucchiaio di verdure (granulose)
- sale

Per le patatine:

- 100 g di sedano
- 250 ml di olio d'oliva

preparazione

1. Per la zuppa di mele e sedano con chips di sedano, preriscaldare la vaporiera o la vaporiera combinata a 100°C.
2. Sbucciare il sedano, la mela e la patata e tagliarli a cubetti grandi. Mettere in un recipiente di cottura non forato e cuocere a vapore a 100°C per 5 minuti.
3. Unite ora i cubetti di mela, il succo di mela, la panna montata e il brodo vegetale, il brodo vegetale granulato e il sale: cuocete a vapore per altri 10 minuti. Quindi ridurre finemente la zuppa con un frullatore a immersione (o un mixer) e condire di nuovo.
4. Per le chips di sedano, tagliare il sedano a fettine sottili e friggerle nel grasso bollente per ottenere delle chips, scolarle brevemente su carta assorbente, quindi servire con la zuppa.
5. Servire la zuppa di mele e sedano con una spolverata di sedano.

38. Anelli di pasta choux di patate

ingredienti

Per il purè di patate:

- 300 g di patate
- Noce moscata
- 2 cucchiai di latte
- 1 cucchiaino di sale
- Pepe

Per la pasta choux:

- 100 ml di acqua
- 100 ml di latte
- 80 g di burro
- 100 g di farina
- 3 uova (taglia M)
- sale
- Pepe

- 1 tuorlo d'uovo
- 2 cucchiai di latte

preparazione

1. Per i rotolini di pasta choux di patate, sbucciare le patate, lessarle e lasciarle raffreddare.
2. Nel frattempo portate a bollore l'acqua e il latte. Aggiungere il burro e farlo sciogliere. Quando il burro sarà sciolto, aggiungete la farina tutta in una volta e mescolate energicamente con un cucchiaio di legno.
3. All'inizio diventa un po' friabile, ma dopo 3-4 minuti si forma una palla di pasta. Mettere questa palla in una ciotola e incorporare le uova, una alla volta. Mescolate per altri 5 minuti, fino a quando non sarà tutto cremoso. Quindi aggiungere sale e pepe.
4. Schiacciate le patate fredde (grosse o finissime, a seconda dei vostri gusti). Strofinare un po' di noce moscata e aggiungere 2 cucchiai di latte, mescolare e condire con sale e pepe.
5. Preriscaldare il forno a 190°C forno ventilato. A questo punto mescolate delicatamente il purè e la pasta choux con la spatola. Mettere in una sac a poche con bocchetta larga e su una teglia foderata con carta da forno

adagiare piccoli anelli di circa 8 cm di diametro.

6. Mescolare il tuorlo d'uovo e 2 cucchiai di latte e spennellare gli anelli. Cuocere sulla griglia centrale per 30 minuti fino a doratura.

39. Pere e patate con fagiolini

ingredienti

- 2 pere
- 250 g di fagiolini
- 600 g di patate (nuove)
- 170 ml di olio
- 1 stella di anice
- 20 g di pinoli (tostati)
- 40 foglie di basilico
- 1 mazzetto di prezzemolo (dolce)
- 30 g di zucchero
- 1 spicchio d'aglio
- 250 ml di vino bianco
- 1 filo di zafferano
- sale
- Pepe

preparazione

1. Per la pera e patate con fagiolini, portare a bollore il vino, lo zucchero, l'anice stellato e lo zafferano. Sbucciare le pere, tagliarle in sei e snocciolarle. Immergere nel brodo delle spezie per 10 minuti a temperatura media, quindi lasciare raffreddare.

2. Tritare grossolanamente le erbe aromatiche. Tritare grossolanamente i pinoli e l'aglio, schiacciarli con 150 ml di olio e sale in un recipiente alto con un frullatore a immersione. Aggiungere le erbe e mescolare bene. Coprire e mettere in un luogo fresco.

3. Lavate i fagiolini, privateli del picciolo e fateli cuocere in acqua bollente salata per 8-10 minuti. Lasciar raffreddare e scolare. Spennellare le patate, tagliarle a metà se necessario e cuocerle (oa vapore) in acqua bollente salata per 20 minuti, scolarle e lasciar fuoriuscire il vapore.

4. Scaldare il resto dell'olio in una padella. Soffriggere i fagioli e le patate per 5 minuti, condire con sale e pepe. Filtrare e aggiungere le pere.

5. Coprire la pera e le patate con i fagiolini con il pesto e servire.

40. Zuppa di patate dolci, mango e peperoncino

ingredienti

- 2 pere
- 250 g di fagiolini
- 600 g di patate (nuove)
- 170 ml di olio
- 1 stella di anice
- 20 g di pinoli (tostati)
- 40 foglie di basilico
- 1 mazzetto di prezzemolo (dolce)
- 30 g di zucchero
- 1 spicchio d'aglio
- 250 ml di vino bianco
- 1 filo di zafferano
- sale
- Pepe

preparazione

1. Per la pera e patate con fagiolini, portare a bollore il vino, lo zucchero, l'anice stellato e lo zafferano. Sbucciare le pere, tagliarle in sei e snocciolarle. Immergere nel brodo delle spezie per 10 minuti a temperatura media, quindi lasciare raffreddare.
2. Tritare grossolanamente le erbe aromatiche. Tritare grossolanamente i pinoli e l'aglio, schiacciarli con 150 ml di olio e sale in un recipiente alto con un frullatore a immersione. Aggiungere le erbe e mescolare bene. Coprire e mettere in un luogo fresco.
3. Lavate i fagiolini, privateli del picciolo e fateli cuocere in acqua bollente salata per 8-10 minuti. Lasciar raffreddare e scolare. Spennellare le patate, tagliarle a metà se necessario e cuocerle (oa vapore) in acqua bollente salata per 20 minuti, scolarle e lasciar fuoriuscire il vapore.
4. Scaldare il resto dell'olio in una padella. Soffriggere i fagioli e le patate per 5 minuti, condire con sale e pepe. Filtrare e aggiungere le pere.
5. Coprire la pera e le patate con i fagiolini con il pesto e servire.

41. Insalata di aringhe con arancia

ingredienti

- 8 pezzi di filetti di aringa
- 200 g di patate (cotte)
- 2 pezzi di arancia
- sale
- 1 cipolla (piccola, tritata)
- 1 cucchiaino di zucchero
- 3 cucchiai di aceto
- 250 g di panna acida
- 4 cucchiai di maionese
- Pepe

preparazione

6. Disossare e asciugare i filetti di aringa. Tagliare i filetti a cubetti.
7. Sbucciare le arance, eliminare la buccia bianca e tagliare a pezzi sottili il filetto. Sbucciare e tagliare a cubetti le patate lesse.
8. Sbattere la maionese con panna acida, aceto, zucchero, pepe e sale. Mondate e tritate finemente la cipolla e unitela al sugo.
9. Incorporare le aringhe, i pezzi di arancia e le patate alla miscela di panna acida.
10. Lasciare in infusione per circa 1 ora quindi servire.

42. Insalata di aringhe con uva

ingredienti

- 8 pezzi di filetti di aringa
- 200 g di patate (cotte)
- 300 g di uva
- 3 cucchiai di aceto
- 250 g di panna acida
- 4 cucchiai di maionese
- Pepe
- sale
- 1 cipolla (piccola, tritata)
- zucchero

preparazione

6. Disossare e asciugare i filetti di aringa. Tagliare i filetti a cubetti.
7. Tagliare a metà i singoli acini. Sbucciare e tagliare a cubetti le patate lesse.
8. Sbattere la maionese con panna acida, aceto, zucchero, pepe e sale. Mondate e tritate finemente la cipolla e unitela al sugo.
9. Incorporare l'aringa, i pezzi d'uva e le patate alla miscela di panna acida.
10. Lasciare in infusione per circa 1 ora quindi servire.

43. Insalata di aringhe con avocado

ingredienti

- 8 pezzi di filetti di aringa
- 200 g di patate (cotte)
- 1 mela
- 4 cucchiai di maionese
- 250 g di panna acida
- Pepe
- sale
- 1 cipolla (piccola, tritata)
- 1 cucchiaino di zucchero
- 3 cucchiai di aceto
- 2 pezzi di avocado

preparazione

7. Disossare e asciugare i filetti di aringa.
   Tagliare i filetti a cubetti.

8. Sbucciare e tagliare a cubetti la mela e le patate bollite.
9. Sbucciare l'avocado e tagliare la polpa a pezzetti.
10. Sbattere la maionese con panna acida, aceto, zucchero, pepe e sale. Mondate e tritate finemente la cipolla e unitela al sugo.
11. Mescolare l'aringa, i pezzi di mela, i pezzi di avocado e le patate nella miscela di panna acida.
12. Lasciare in infusione per circa 1 ora quindi servire.

44. Coscia d'oca arrosto con cavolo rosso e ravioli di prugne

ingredienti

- 4 cosce d'oca (350 g cad.)
- 150 g di ortaggi a radice (carota, cipolla, porro, sedano)
- 3 Artemisia
- 250 ml di brodo di pollo
- 520 g di polpette di patate miste (prodotto finito)
- 8 prugne
- 4 cucchiaini di polvere
- 400 g cavolo cappuccio rosso (vetro)
- 1 cucchiaio di mirtilli rossi
- 100 ml di succo di ribes rosso
- 1 mela
- 1 cucchiaio di olio d'oliva
- sale

- Pepe

preparazione

1. Mescolare le cosce d'oca in una teglia da forno, forare entrambi i lati con dei bastoncini di legno in modo che il grasso scoli, salare leggermente. Togliere le cosce, versare il grasso. Toccate brevemente gli ortaggi a radice in padella*, aggiungete l'artemisia, adagiatevi sopra le cosce, bagnate con il brodo di pollo rosolato e fate cuocere in padella a 180°C circa per 60 minuti.

2. Con il composto di patate formare degli gnocchi, premerli in un'apertura, riempire le prugne secche con Powidl, premere nell'apertura, ricoprire bene e immergere in acqua leggermente salata e frizzante finché non vengono a galla. Scaldare il cavolo rosso, insaporire con i mirtilli rossi e il succo di ribes.

3. Pulite la mela, tagliate a pezzi la casa, tagliatela in quarti e grigliatela brevemente nel grasso d'oca caldo da entrambi i lati. Svuotare la salsa, versarla su un piatto piano come uno specchio, adagiare sopra la coscia, allineare i quarti di mela, servire il cavolo rosso e le polpette a parte, decorare con un rametto di artemisia.

45. Polpette di albicocche dell'Alto Adige

ingredienti

- 1000g di patate
- 80 g di burro
- 50 g di semolino
- 1 uovo
- 2 tuorli
- 250 g di farina
- 1500 g di albicocche o prugne
- Zollette di zucchero)
- sale
- Per servire:
- 180 g di burro
- 150 g di pangrattato
- Polvere di cannella)

preparazione

1. Cuocere le patate con la buccia finché sono tenere e toglierle dalla pelle ancora calda.
2. Spremere nello schiacciapatate e lasciare raffreddare un po'. Quindi mescolare il composto di patate con il burro, il semolino, il sale, l'uovo ei tuorli.
3. Setacciare la farina nella quantità e preparare il tutto in una pasta liscia (aggiungere eventualmente un po' di farina). Riposa per qualche minuto.
4. Infarinare la superficie, stendere l'impasto ad uno spessore di mezzo centimetro e tagliare dei quadrati di 7x7cm. Sostituire il cuore delle albicocche con un pezzo di zucchero e ricoprire con i quadrati di pasta.
5. Fare le polpette in acqua bollente salata a bassissima temperatura per circa 10 minuti. Sciogliere il burro e tostare il pangrattato, mescolando continuamente. Scolate le polpette cotte, passatele nel pangrattato e cospargetele di zucchero e cannella in polvere.

46.Crema di arance rosse e carote

ingredienti

- 1 cipolla
- 2 spicchi d'aglio
- 4 carote (grandi)
- 3-4 patate (piccole)
- 1000 ml di passato di verdure
- 1 cucchiaio di panna acida
- 1 cucchiaino di zenzero in polvere
- Pepe
- sale
- 1 arancia rossa (spremuta)

preparazione

1. Per la zuppa di arance rosse con crema di carote, prima tritate grossolanamente la cipolla e l'aglio, pelate e tagliate a cubetti le carote e le patate.
2. Cuocere la cipolla e l'aglio in un po' d'olio, incorporare lo zenzero in polvere e sfumare con il succo di arancia rossa. Versare nella zuppa, aggiungere i pezzi di carota e patate e cuocere a fuoco lento fino a cottura.
3. Zuppa di carote all'arancia rossa con un frullatore a immersione, condire con panna acida, sale e pepe e servire.

47. Insalata di maionese con patate colorate

ingredienti

- 1 tazza/e di patate
- 1 tazza/e di prosciutto (a dadini)
- 1 tazza/e di uova (sode e tritate)
- 1 tazza/e di sottaceti
- 1 tazza/e di mele apple
- 1 tazza/e di cipolla
- 1 tazza/e di maio
- sale
- Pepe

preparazione

1. Per la colorata insalata di patate e maionese, cuocere le patate finché sono tenere, sbucciarle e tagliarle a cubetti. Lessare e

tritare le uova sode. Sbucciare la mela, togliere il torsolo e tagliarla a cubetti. Tagliare il sottaceto a cubetti. Sbucciare le cipolle e tagliarle a pezzi fini. Tagliare il prosciutto a cubetti o a listarelle.

2. Unire tutti gli ingredienti, aggiustare di sale e pepe e unire la maionese. Lasciare in infusione in frigorifero per almeno 1 ora.

3. Servite la colorata insalata di patate e maionese a temperatura ambiente!

48. Tagliatelle di patate

ingredienti

- 750 g di patate (infarinate)
- 130 g di farina
- 1 uovo
- 1 pizzico di sale
- olio
- Noce moscata
- Fette biscottate (briciole)
- Zucchero di canna)
- Salsa di mele

preparazione

1. Per le tagliatelle di patate non lessate le patate troppo morbide con la buccia, sbucciatele e passatele al torchio per mele o

al setaccio; Impastare con le uova, la farina, il sale e un pizzico di noce moscata fino a formare una pasta. Formare delle tagliatelle spesse e friggerle in una padella con olio caldo.

2. Girare le briciole di fette biscottate arrostite e dolci e servire gli spaghetti di patate con salsa di mele.

49. Torta di mele con contorno di patate

ingredienti

Biscotto al burro-scozzese :

- 240 g di farina
- 160 g di burro
- 80 g di zucchero a velo
- 1 uovo
- 1 pizzico di sale

Modanatura:

- 80 g di burro
- 100 g di zucchero
- 4 uova
- 1 limone (grattugiato)
- 60 g di mandorle sgusciate e tritate
- 100 g patate (cotte, del giorno prima)

Anche:

- 1000 g di mele (Boskop)
- 30 g di zucchero
- 1 limone (succo)

preparazione

1. Prova questa deliziosa ricetta della torta:
2. Pasta frolla: Impastare il burro, lo zucchero e l'uovo ed infine aggiungere la farina setacciata e impastare fino ad ottenere un impasto sbriciolato. Quindi avvolgere nella pellicola e grossolanamente
3. Riposare in frigorifero per 20 minuti. Imburrare uno stampo a cerniera del diametro di 26 cm e stenderlo con l'impasto.
4. Eliminate la pelle e i semi alle mele e tagliatele in 6-8 quarti a seconda della grandezza. Marinare con zucchero e succo di limone.
5. Ripieno: separare le uova e sbattere metà dello zucchero con il burro, il tuorlo e la scorza di limone. Incorporare i grani di mandorle tritate. Togliete dalla pelle le patate cotte del giorno prima e grattugiatele o schiacciatele e mescolate bene la quantità. Infine montate l'albume con lo zucchero rimasto e incorporatelo al composto di patate.

6. Passare le mele in salamoia attraverso la glassa con una forchetta e disporle uniformemente nella padella. Distribuire uniformemente il resto della glassa sulle mele quindi infornare a 200°C a fuoco alto e basso per circa 45 minuti.

50. Patate con salsa di mele

ingredienti

- 750 g di patate
- 1 litro d'acqua
- 125 g di pancetta (mista)
- 3 cipolle
- Aceto (a piacere)
- 500 g di salsa di mele (nel bicchiere)
- 1 cucchiaino di zucchero
- sale

preparazione

1. Per le patate con salsa di mele, sbucciare le patate. Portare a bollore in una casseruola con acqua salata e cuocere per 20 minuti. Scolare e premere nella pentola ancora calda

attraverso una pressa. Versare la salsa di mele e mescolare il composto fino a renderlo denso e cremoso, scaldare e aggiungere lo zucchero.

2. Tritare finemente le cipolle sbucciate e la pancetta. Arrostire entrambi in una padella fino a doratura e aggiungere alle patate insieme alla salsa di mele. Patate in salsa di mele a piacere con aceto e sale.

51. Gulyas di Szeged con patate

- Tempo di cottura da 30 a 60 min
- Porzioni: 4

ingredienti

- 500 g di crauti
- 500 g di carne di maiale (filetto di maiale)

- 2 cipolle (medie o 1 porzione di cipolle arrostite)
- sale
- Pepe
- paprica
- 1 cucchiaio di concentrato di pomodoro
- Aglio
- semi di cumino
- 1 tazza di panna acida
- 500 g di patate

preparazione

3. Tritate la cipolla e fatela rosolare in un filo d'olio in una padella, tagliate a cubetti i polmoni di arrosto. Unire i crauti con la carne tagliata a dadini e la cipolla arrostita in una ciotola chiusa e condire con sale, pepe, paprika, concentrato di pomodoro, aglio schiacciato e semi di cumino tritati.
4. Pelare e tagliare in quarti le patate. Cuocere in una ciotola forata.

52. Pere e patate con fagiolini

ingredienti

- 2 pere
- 250 g di fagiolini
- 600 g di patate (nuove)
- 170 ml di olio
- 1 stella di anice
- 20 g di pinoli (tostati)
- 40 foglie di basilico
- 1 mazzetto di prezzemolo (dolce)
- 30 g di zucchero
- 1 spicchio d'aglio
- 250 ml di vino bianco
- 1 filo di zafferano
- sale
- Pepe

preparazione

6. Per la pera e patate con fagiolini, portare a bollore il vino, lo zucchero, l'anice stellato e lo zafferano. Sbucciare le pere, tagliarle in sei e snocciolarle. Immergere nel brodo delle spezie per 10 minuti a temperatura media, quindi lasciare raffreddare.

7. Tritare grossolanamente le erbe aromatiche. Tritare grossolanamente i pinoli e l'aglio, schiacciarli con 150 ml di olio e sale in un recipiente alto con un frullatore a immersione. Aggiungere le erbe e mescolare bene. Coprire e mettere in un luogo fresco.

8. Lavate i fagiolini, privateli del picciolo e fateli cuocere in acqua bollente salata per 8-10 minuti. Lasciar raffreddare e scolare. Spennellare le patate, tagliarle a metà se necessario e cuocerle (oa vapore) in acqua bollente salata per 20 minuti, scolarle e lasciar fuoriuscire il vapore.

9. Scaldare il resto dell'olio in una padella. Soffriggere i fagioli e le patate per 5 minuti, condire con sale e pepe. Filtrare e aggiungere le pere.

10. Coprire la pera e le patate con i fagiolini con il pesto e servire.

CONCLUSIONE

Il mazzo di patate si riempie e drena. Ciò porta un segno negativo a breve termine sulla scala, ma a lungo termine l'effetto yo-yo minaccia. Anche l'uso prolungato della dieta mono non è raccomandato in quanto può portare a carenza di nutrienti.

Suggerimento: mescolare le patate con la ricotta o le uova con verdure, lattuga, erbe aromatiche, grassi vegetali, noci e semi. Questa è la versione più salutare della dieta delle patate e ti aiuta comunque a perdere peso.

Lightning Source UK Ltd.
Milton Keynes UK
UKHW021106060821
388417UK00006B/60